STANDARD INDONESIAN

A Beginner's Guide

Dr Liaw Yock Fang

with Drs Munadi Patmadiwiria
& Abdullah Hassan

HIPPOCRENE BOOKS
New York 1993

First Hippocrene Edition, 1993

© **1990 Times Editions Pte Ltd**, Singapore

For information, address:
Hippocrene Books
171 Madison Avenue
New York, NY 10016

ISBN 0-7818-0186-9

Printed in Singapore

CONTENTS

PREFACE

Indonesia, with a population of 175,000,000, is Singapore's biggest neighbour. The number of Indonesians coming to Singapore and the number of Singaporeans going to Indonesia are on the increase every day, yet not a single guidebook for learning Indonesian has been published in Singapore. It was for this purpose that *Standard Indonesian Made Simple* was published a year ago. This volume, *Speak Indonesian,* is to accompany the guidebook.

It aims to give the learner a grounding in Indonesian conversation. Indeed, the dialogues, grouped under 20 topics/themes, cover all the situations which a foreigner needs for surviving in Indonesia. And it is not too difficult to 'survive' in the Indonesian language. The dialogues make use of all the important sentence patterns in Indonesian. What is needed is an enlargement of the vocabulary. With a dictionary in hand, the learner can already communicate in Indonesian with a fair amount of confidence.

There are several varieties of Indonesian. The variety taught here is what is normally called the standard form (*bahasa baku*). This variety is the widely accepted form of Indonesian. It is used in official communications such as government announcements, laws, public lectures, and it is also taught in school. It can also be used in informal situations, and is very similar to standard Malay. Bearing in mind the Malay equivalence of Indonesian as listed in *Standard Malay Made Simple*, learners can also communicate in Malay. It should, however, be pointed that there is considereable divergence between formal Indonesian as presented in this book and informal Indonesian which the learner may hear when arriving in Indonesia. It is for this purpose that notes on informal Indonesian and the Jakarta dialect have been included to help the learner to understand informal and colloquial Indonesian.

The idea of writing this book was suggested to me by the publisher and editor of Times Books International. It took me several years and the assistance of several people to put these dialogues together. Firstly I must thank Drs. Munadi Patmadiwiria whose stencilled *Practical Indonesian For Foreign Students* gave me the idea of the shape of this book. Later, he also gave me many dialogues which he used for teaching foreign students in Jakarta. Secondly, thanks are due to Abdullah Hassan who drafted many of the dialogues which I then edited and rendered into English. Thanks are also due to Asyraf Bustanir, an Indonesian undergraduate in Padang, and Dra Nini Tiley-Notodisuryo, my co-author for *Standard Indonesian Made Simple* for contributing a number of dialogues which are used in this book. In addition, Dra Nini Tiley-Notodisuryo also made some very useful suggestions which help to improve the quality of the dialogues. Last but not least, I must also thank Dr. Tan Cheng Lim for going through the English usage. If there are still errors and short-comings in this book, the responsibilities are entirely mine.

March 1990   DR. LIAW YOCK FANG
                                         Department of Malay Studies
                                    National University of Singapore

NOTES ON PRONUNCIATION

Vowels

There are five vowels in Indonesia. Each vowel, except '**e**', represents one sound.

a	sounds like	*a*	in 'ask', e.g. *atas*
e	sounds like	*a*	in 'ago', e.g. *kera*
	(when stressed sound like	*e*	in 'bed', e.g. *meja*)
i	sounds like	*i*	in 'fit', e.g. *kita*
o	sounds like	*o*	in 'body', e.g. *kota*
u	sounds like	*u*	in 'put', e.g. *buku*

Diphthongs

ai	sounds like	*i*	in 'I', e.g. *pandai*
au	sounds like	*o*	in 'now', e.g. *pulau*
oi	sounds like	*oi*	in 'boy', e.g. *sepoi*

Consonants

Indonesian consonants are similar to English consonants except that initiated consonants are not aspirated and **p**, **t** and **k** are not explosive.

Please note that though vowels in Indonesian are pronounced almost like Malay, its alphabet is pronounced differently. Below is the pronunciation of alphabets in Indonesian.

A (ah), B (be), C (ce), D (de), E (e), F (ef), G (ge), H (ha), I (i), J (je), K (ka), L (el), M (em), N (en), O (o), P (pe), Q (ki), R (er), S (es), T (te), U (u), V (fe), W (we), X (eks), Y (ye), Z (zet).

NOTES ON INFORMAL INDONESIAN AND JAKARTA DIALECT

Informal Indonesian is the type of Indonesian used in informal gatherings among good friends and neighbours in shopping centres and at the market place. This type of Indonesian has several characteristics:

1. The prefix **me-**, **mem-**, or **men-** is dropped:

melawan	becomes	*lawan*
membeli	becomes	*beli*
mendengar	becomes	*dengar*

2. When the prefix **me-** undergoes sound changes, the verb begins with a nasal sound, e.g.

memakai	becomes	*makai*
menulis	becomes	*nulis*
mengirim	becomes	*ngirim*
menyapu	becomes	*nyapu*

3. Verbs begin with a vowel also take the nasal sound, e.g.

mengantar	becomes	*ngantar*
mengintip	becomes	*ngintip*
mengomong	becomes	*ngomong*
mengutang	becomes	*ngutang*

4. The prefix **ber-** becomes **be-**, e.g.

bermain	becomes	*bemain*
berdiri	becomes	*bediri*

5. The initial sounds of many words are left out, e.g.

bagaimana	becomes	*gimana*
begini	becomes	*gini*
begitu	becomes	*gitu*
bisa	becomes	*isa*

habis	becomes	*abis*
sama	becomes	*ama*
saja	becomes	*aja*
saya	becomes	*aya*
sudah	becomes	*udah*
memang	becomes	*emang*

6. *Tidak* becomes *gak*, *ndak*, *nggak*, *enggak*, *kagak*.

7. Certain colloquial words are used, e.g.

iya	for	*ya* (yes)
bilang	for	*mengatakan* (to say)
situ	for	*Anda* (you)
kasi	for	*memberi* (to give)
kasi tahu	for	*memberitahu* (to inform)
bikin bersih	for	*membersihkan* (to clean)
deh	for	*-lah* (a particle)
dong		emphatic particle, please
idih		particle expressing doubt
toh		a particle
masa		how is it possible, expressing disbelief.

Informal Indonesian shares many of the characteristics of the Jakarta dialect. Indeed, the distinction between the two is blurred. The Jakarta dialect, according to Muhadjir, an Indonesian expert on dialectology, is becoming more and more important, owing to Jakarta's position as the centre of government, politics, trade and education. This dialect is being used in newspapers and on the radio, and a literature has also been written in that dialect. Below are some of the features of this dialect as described by Muhadjir in his monograph entitled *Morphology of Jakarta Affixation and Reduplication* (English translation by Kay Ikranagara) Jakarta, 1981.

- The consonant /h/ is dropped in initial, middle and final

positions:

hati	becomes	*ati*
hidup	becomes	*idup*
hujan	becomes	*ujan*
hutang	becomes	*utang*
lihat	becomes	*liat*
bohong	becomes	*bo'ong*
putih	becomes	*puti*
lebih	becomes	*lebi*
pilih	becomes	*pili*

- The vowel /a/ is usually pronounced as /e/:

ikat	pronounced as	*iket*
malam	pronounced as	*malem*
tukar	pronounced as	*tuker*
pintar	pronounced as	*pinter*

- The vowel /a/ at the end of a word is pronounced as /é/ (*e* in bet):

apa	pronounced as	*apé*
mana	pronounced as	*mané*
siapa	pronounced as	*siapé*
berapa	pronounced as	*berapé*

- The diphthong /ai/ is pronounced as /é/ (as *e* in bet):

cerai	pronounced as	*ceré*
damai	pronounced as	*damé*
pandai	pronounced as	*pandé*

- The diphthong /au/ is pronounced as /o/:

pulau	pronounced as	*pulo*
kalau	pronounced as	*kalo*
hijau	pronounced as	*ijo*

These are some of the main features of Jakarta dialect. Other notable features are:

- The suffix **-kan** becomes **-in**:

biar<u>kan</u>	becomes	biar<u>in</u>
sedia<u>kan</u>	becomes	sedia<u>in</u>
kembali<u>kan</u>	becomes	kembali<u>in</u>
patah<u>kan</u>	becomes	patah<u>in</u>

- Certain words are abbreviated:

terima kasih	becomes	makasi
(thank you)		
barangkali	becomes	mengkali – and then kali
(perhaps)		

Besides, the Jakarta dialect has also contributed many words and phrases to the Indonesian language. We appended a glossary of words from the Jakarta dialect which have been accepted into the Indonesian language on page 281 for reference purpose. Below is a conversation between a mother and her son in Jakarta dialect taken from the beginning chapter of *Si Dul Anak Jakarta* by Aman, which has contributed to the popularity of the Jakarta dialect.

NYAK (MOTHER) : *Dul, Duul!*

DUL : *Ya, Nyak.*
(Yes, Mother.)

NYAK (MOTHER) : *Ke mane lu? Pulang dulu dahar nasi, nasi sudah nyak sediain.*
(Where did you go? Go home and eat your meal. Rice has already been prepared.)

DUL : *Aye kenyang, Nyak, nanti saje aye dahar.*
(I'm full, Mother. I'll eat later.)

NYAK (MOTHER)	:	*Ai, di mane lu makan nasi?* (Hey, where did you eat?)
DUL	:	*Ayé beli nasi ulam tadi, Nyak.* (I bought rice and vegetable just now, Mother.)
NYAK (MOTHER)	:	*Di mane lu dapat duit? Lu nyolong kali.* *Kalo kagak, di mane lu dapat duit?* (Where did you get the money? You stole perhaps. Or else, where did you get the money?)
DUL	:	*Kagak, Nyak. Ayé kagak nyolong. Ayé kagak beli nasi, Nyak. Ayé dikasi Si As.* (No, Mother. I didn't steal. I didn't buy rice, Mother. I was given [rice] by As [a girl's name].)
NYAK (MOTHER)	:	*Ngapain lu di sono? Ayoh, pulang.* (What are you doing there? Come on, let's go home.)
DUL	:	*Ayé main ame si As. Nanti aje ayé pulang dahar. Ayé kagak nyolong, Nyak.* (I'm playing with AS. I'll go home to eat later. I didn't steal, Mother.)
NYAK (MOTHER)	:	*Oo, lu main ame si As. Pantes lu kagak mau dahar. Mainlah, tapi jangan ke mane-mane, ya.* (Oh, you've been playing with As. No wonder you don't want to eat. Continue playing then, but don't go anywhere.)
DUL	:	*Ayé, Nyak.* (Yes, Mother.)

A NOTE ON INDONESIAN SPELLING

The differences between the new spelling and the old spelling in Indonesian and Malay are:

New Spelling	Old Indonesian Spelling	Old Malay Spelling
c	tj	ch
j	dj	j
kh	ch	kh
ny	nj	ny
sy	sj	sh
y	j	y

Please keep these changes in mind when looking up these words in an old dictionary.

1

GREETINGS
AND LEAVE TAKING

Selamat Pagi
(Good Morning)

ALI : *Selamat pagi, Tuan*.*
(Good morning, sir.)

JOHN : *Selamat pagi.*
(Good morning.)

ALI : *Apa kabar?*
(How are you?)

JOHN : *Baik. Dan Anda?*
(I am fine. And you?)

ALI : *Saya juga baik. Terima kasih.*
(I am fine. Thank you.)

*Tuan is a term used to address foreigners. It can be translated as 'sir', 'you' or 'Mr.'.

Apa Kabar?
(How Are You?)

A : *Selamat pagi, Saudara* Burhan.*
(Good morning, Mr. Burhan.)

B : *Selamat pagi, Saudara Arif.*
(Good morning, Mr. Arif.)

A : *Apa kabar?*
(How are you?)

B : *Kabar baik, terima kasih. Dan Anda?*
(I am fine, thank you. And you?)

A : *Saya juga baik, terima kasih.*
Bagaimana orang tua Saudara?
(I am fine too, thank you.
How are your parents?)

B : *Mereka baik-baik saja, terima kasih.*
(They are both fine, thank you.)

*Saudara means 'brothers' or 'sisters' or 'brothers and sisters'. It is commonly used as a term to address a male person of one's own age or younger. It can be translated as 'you' or 'Mr.'.

Bagaimana Kabar . . . ?
(How Are You?)

HALIMAH : *Selamat siang, Ibu*.
(Good day, Madam.)

RAMAH : *Selamat siang.*
(Good day.)

HALIMAH : *Apa kabar?*
(How are you?)

RAMAH : *Baik-baik saja, terima kasih. Dan Anda?*
(I am fine, thank you. And you?)

HALIMAH : *Saya sehat saja, terima kasih.*
Bagaimana kabar keluarga Ibu?
(I am fine, thank you.
How is your family?)

RAMAH : *Mereka baik-baik saja, terima kasih.*
(They are fine, thank you.)

Ibu or *Bu* means 'mother'. It is used as a term to address a woman older than oneself or of higher social status. A female teacher or government official should always be addressed as *Ibu* or *Bu*. *Ibu* can be translated as 'Madam', 'you' or 'Mrs.'.

Bagaimana Dengan Anda?
(How Are You?)

SOFI : *Selamat sore, Nona Asyraf.*
(Good afternoon, Miss Asyraf.)

NONA ASYRAF : *Selamat sore, Sofi.*
(MISS ASYRAF) (Good afternoon, Sofi.)

SOFI : *Apa kabar?*
(How are you?)

NONA ASYRAF : *Baik-baik saja. Bagaimana dengan*
(MISS ASYRAF) *Anda?*
(I am fine. How are things with you?)

SOFI : *Saya sakit.*
(I am ill.)

NONA ASYRAF : *Oh, mudah-mudahan Saudari* lekas*
(MISS ASYRAF) *sembuh.*
(Oh, [I] hope you will recover soon.)

SOFI : *Terima kasih.*
(Thank you.)

NONA ASYRAF : *Kembali.*
(MISS ASYRAF) (You are welcome.)

Saudari is the female counterpart of *Saudara*.

Apa Kabar Isteri Anda Sekarang?
(How Is Your Wife Now?)

PEH : *Selamat siang, Pak* Arif?*
(Good day, Mr. Arif.)

ARIF : *Selamat siang.*
(Good day.)

PEH : *Apa kabar, Pak.*
(How are you, Mr. Arif?)

ARIF : *Baik, terima kasih. Dan Saudara?*
(I am fine, thank you. And you?)

PEH : *Baik-baik saja, terima kasih.*
Apa kabar isteri Anda sekarang?
(I am fine, thank you.
How is your wife now?)

ARIF : *Dia sehat, terima kasih.*
(She is fine, thank you.)

PEH : *Sampaikan salam saya pada Nyonya.*
(Send my regards to your wife.)

ARIF : *Terima kasih.*
(Thank you.)

Pak or *Bapak* means 'father'. It is used as a term to address a male person older than oneself or of higher social status. It is the counterpart of *Ibu*. Some husbands also call their wives *Bu*.

Dari Mana Anda?
(Where Have You Come From?)

ALI : *Selamat sore, Pak Yusuf.*
(Good evening, Mr. Yusuf.)

YUSUF : *Selamat sore.*
(Good evening.)

ALI : *Apa kabar?*
(How are you?)

YUSUF : *Baik, terima kasih. Dan Anda*?*
(I am fine, thank you. And you?)

ALI : *Baik, terima kasih.*
(I am fine, thank you.)

YUSUF : *Dari mana Anda?*
(Where have you come from?)

ALI : *Dari toko buku. Dan Anda?*
(From the bookshop[s]. And you?)

YUSUF : *Dari pusat pertokoan.*
(From the shopping centre.)

Anda is a term coined in the 1950s as an equivalent of 'you' to be used in all situations. At first, it was only used in the mass media but now it is widely used.

Selamat Makan
(Enjoy Your Meal)

CHAMAMAH : *Selamat* siang, Bu.*
(Good day, Madam.)

TINI : *Selamat siang.*
(Good day.)

CHAMAMAH : *Ibu mau pergi ke mana sekarang?*
(Where are you going [now]?)

TINI : *Saya mau mencari restoran.*
(I'm looking for a restaurant.)

CHAMAMAH : *Oh, restoran. Ibu mau makan siang?*
(Oh, a restaurant. Do you want to have lunch?)

TINI : *Benar, saya lapar sekali.*
(Yes, I am very hungry.)

CHAMAMAH : *Selamat makan, Bu.*
(Enjoy your meal.)

TINI : *Terima kasih.*
(Thank you.)

*Selamat means 'safe' or 'congratulation'. *Selamat tidur* is 'sleep well' and *selamat datang*, 'welcome'.

Saudara Tinggal Di Mana?
(Where Do You Live?)

A : *Saudara tinggal di mana?*
   (Where do you live?)

B : *Saya tinggal di Kebun Kacang.*
   (I live at Kebun Kacang.)

A : *Saudara tinggal di Kebun Kacang?*
   (Do you live at Kebun Kacang?)

B : *Betul. Ada apa?*
   (Yes. What's the matter?)

A : *Saya juga tinggal di Kebun Kacang.*
   Sudah lama Saudara tinggal di sana?
   (I also live there.
   Have you been living long at Kebun Kacang?

B : *Baru sebulan.*
   (Just a month.)

A : *Pantas saya tidak pernah jumpa Saudara.*
   Saya kenal hampir semua orang yang tinggal di sana.
   (No wonder I've never met you.
   I know almost all the people living there.)

B : *Saya senang* sekali berkenalan dengan Saudara.*
   (I am very happy to make your acquaintance.)

*Please note that *senang* in Malay means 'easy' or 'free'.

9

Apakah Ibu Tinggal . . . ?
(Are You Staying . . . ?)

Bu Haryadi (Mrs. Haryadi)	: *Selamat* sore, Bu.* (Good evening, Mrs. Smith.)
Bu Smith (Mrs. Smith)	: *Selamat sore.* (Good evening.)
Bu Haryadi (Mrs. Haryadi)	: *Apa kabar, Bu?* (How are you, Mrs. Smith?)
Bu Smith (Mrs. Smith)	: *Baik, terima kasih. Dan Anda?* (Fine, thank you. And you?)
Bu Haryadi (Mrs. Haryadi)	: *Baik, terima kasih.* (Fine, thank you.)
Bu Smith (Mrs. Smith)	: *Apakah Ibu tinggal di sebelah rumah kami ini?* (Are you staying next door?)
Bu Haryadi (Mrs. Haryadi)	: *Benar, saya tinggal di sebelah rumah Ibu. Saya tetangga Ibu.* (Yes, I am staying next door. I am your next-door neighbour.)

Selamat pagi, up to 11.30 a.m.
Selamat siang, up to 3.30 p.m.
Selamat sore, up to 6.00 p.m
Selamat malam, after dark.

Saya Permisi Dulu
(Please Excuse Me)

SOFI : *Sudah jam berapa sekarang?*
(What is the time now?)

ASMAH : *Sekarang baru jam sebelas.*
(It is just eleven o'clock.)

SOFI : *Sebaiknya saya permisi* dulu.*
(I think I should take my leave now.)

ASMAH : *Kenapa tergesa-gesa?*
(So soon?)

SOFI : *Ya. Besok pagi saya harus kuliah.*
(Yes. I have lectures tomorrow morning.)

ASMAH : *Baiklah. Sering-seringlah berkunjung ke rumah.*
(All right. Do come to visit me often.)

SOFI : *Oh, pasti. Selamat malam.*
(Certainly. Good night.)

ASMAH : *Selamat malam.*
(Good night.)

*Permisi means 'permission' or 'asking for permission'. It is also used when taking or asking permission to leave or to depart.

Saya Minta Diri
(Excuse Me Please)

HASSAN : *Maaf, Pak Munardi.*
(Excuse me, Mr. Munardi.)

MUNARDI : *Ya, ada apa Saudara Hassan.*
(Yes, what can I do for you Mr. Hassan?)

HASSAN : *Sudah pukul* berapa sekarang?*
(What is the time now?)

MUNARDI : *Sekarang sudah hampir jam sebelas malam.*
(It is almost eleven o'clock.)

HASSAN : *Saya kira sebaiknya saya minta diri.*
(I think I should take my leave now.)

MUNARDI : *Sering-seringlah datang ke rumah.*
(Do come to my house often.)

HASSAN : *Baik, terima kasih. Selamat malam.*
(Yes, thank you. Good night.)

MUNARDI : *Selamat malam. Sampaikan salam saya
kepada orang tua Saudara.*
(Good night. Give my regards to your
parents.)

*Pukul means 'strike'. But it is used here in the sense of
'o'clock'.

Saya Harus Pamit . . .
(I Have To Leave . . .)

ALI : *Maaf, Nyonya*. Saya harus pamit sekarang.*
(Excuse me, Madam. I have to leave now.)

NYONYA : *Kenapa tergesa-gesa?*
(So soon?)

ALI : *Saya masih ada keperluan.*
(I still have something to do.)

NYONYA : *Sampaikan salam saya kepada Bu Ali.*
(Convey my regards to Mrs. Ali.)

ALI : *Tentu saja, Nyonya. Terima kasih.*
(Of course, Madam. Thank you.)

NYONYA : *Selamat jalan, Saudara Ali.*
(Good-bye, Mr. Ali.)

ALI : *Selamat tinggal, Nyonya.*
(Good-bye, Madam.)

*Nyonya is used to address a married woman and can be translated as 'Madam', 'you' or 'Mrs.'. An unmarried woman is addressed as *Nona*. The male counterpart of *Nyonya* and *Nona* is *Tuan*.

Biar Tante Antarkan
(Let Me [Aunty] Send You Home)

BUDI : *Maaf, Tante, saya harus permisi dulu.*
(Excuse me, Aunty, I must take leave now.)

TANTE : *Baiklah. Naik apa kau, Budi?*
(All right. How do you go home, Budi?)

BUDI : *Bis kota, Tante.*
(The city bus, Aunty.)

TANTE : *Bis kota?*
(The city bus?)

BUDI : *Ya, Tante. Sudah biasa.*
(Yes, Aunty. [I am] used to it already.)

TANTE : *Tunggu dulu, biar Tante antarkan.*
(Wait for a while. Let me send you home.)

BUDI : *Tidak usah, Tante, jangan merepotkan.*
(No need, Aunty, don't bother [about me].)

TANTE : *Siapa bilang merepotkan? Tante senang sekali mengantar Budi.*
(Who says it is bothering me? I am very happy to send you.)

2

ONESELF

Tuan Ini Orang Malaysia?
(Are You A Malaysian?)

ALI : *Tuan ini orang Malaysia?*
(Are you a Malaysian?)

BASRI : *Bukan, saya bukan orang Malaysia.*
(No, I am not a Malaysian.)

ALI : *Tuan datang dari mana?*
(Where do you come from?)

BASRI : *Saya datang dari Indonesia.*
(I come from Indonesia.)

ALI : *Di Indonesia di mana?*
(Where in Indonesia?)

BASRI : *Di Medan.*
(From Medan.)

ALI : *Jadi, Tuan ini orang Indonesialah.*
(So you are an Indonesian?)

BASRI : *Benar*, saya orang Indonesia.*
(Yes, I am an Indonesian.)

Benar means 'yes', 'true' or 'right'. It can also be used in the sense of 'very', as in *Film itu bagus benar*: That film was very good.

Tahukah Saudara Orang Laki-Laki Itu?
(Do You Know That Man?)

AGUS : *Tahukah* Saudara orang laki-laki itu?*
(Do you know that man?)

BAMBANG : *Oh, itu Pak Abdullah.*
(Oh, yes, that is Mr. Abdullah.)

AGUS : *Apa kerjanya Pak Abdullah?*
(What is his occupation?)

BAMBANG : *Pak Abdullah seorang guru sekolah.*
(Mr. Abdullah is a school teacher.)

AGUS : *Apakah yang diajarkan Pak Abdullah?*
(What does Mr. Abdullah teach?)

BAMBANG : *Pak Abdullah mengajar murid-murid
membaca, menulis dan menghitung.*
(Mr. Abdullah teaches pupils to read, to
write and count.)

AGUS : *Hanya itu saja?*
(Is that all?)

BAMBANG : *Tidak. Beliau juga mengajar ilmu bumi dan
sejarah.*
(No. He also teaches geography and history.)

*Tahu is here used as a synonym of *kenal*, 'to know a
person'. Please note *ta-hu* is 'soya bean curd'.

Apa Saudara Ini Seorang Pengusaha?
(Are You An Entrepreneur?)

ALEX : *Maaf*, siapa nama Saudara?*
(Execuse me, what is your name?)

TOMO : *Nama saya Tomo.*
(My name is Tomo.)

ALEX : *Apa Saudara ini seorang pengusaha?*
(Are you an entrepreneur?)

TOMO : *Betul, saya seorang pengusaha.*
(Yes, I am an entrepreneur.)

ALEX : *Teman Saudara itu seorang pengusaha juga?*
(Is your friend also an entrepreneur?)

TOMO : *Bukan. Dia bukan seorang pengusaha.*
Dia seorang dokter gigi.
(No, he isn't.
He is a dentist.)

*Maaf is used when asking to be excused for intruding on someone. *Minta maaf* is 'to apologize'.

Saudarakah Yang Bernama Burhan?
(Are You Called Burhan?)

ARIF : *Saudarakah yang bernama Burhan?*
(Are you called Burhan?)

BURHAN : *Betul, saya yang bernama Burhan.*
(Yes, I am.)

ARIF : *Siapakah yang bernama Salim?*
(Who is the person called Salim?)

BURHAN : *Adik saya yang bernama Salim.*
(My [younger] brother.)

ARIF : *Saya ingin sekali berkenalan* dengan adik Saudara.*
(I would like to get acquainted with your brother.)

BURHAN : *Datanglah ke rumah. Nanti saya perkenalkan.*
(Do come to my house. I will introduce him to you.)

**Ber + kenal + an = berkenalan*, means 'to be acquainted with'. *Kenalan* is 'an acquaintance'.

Saudara Belajar Apa?
(What Do You Study?)

ALI : *Saudara mahasiswakah?*
(Are you an undergraduate?)

BAHRI : *Ya, saya mahasiswa.*
(Yes, I am.)

ALI : *Saudara belajar apa di universitas?*
(What do you study at the university?)

BAHRI : *Saya belajar bahasa Melayu dan bahasa Inggeris.*
(I am studying Malay and English language.)

ALI : *Saudara orang Tionghoakah*?*
(Are you Chinese?)

BAHRI : *Bukan Saya bukan orang Tionghoa. Saya orang Indonesia.*
(No. I am not Chinese. I am Indonesian.)

*Most Indonesian Chinese regard *Cina* as a derogatory term and would prefer to be called *Tionghoa*.

Saudara Ini Datang Dari Mana?
(Where Do You Come From?)

A : *Saudara ini datang dari mana?*
    (Where do you come from?)

B : *Saya datang dari Indonesia.*
    (I come from Indonesia.)

A : *Dari kota mana di Indonesia?*
    (From which city in Indonesia?)

B : *Dari Bandung.*
    (From Bandung.)

A : *Saudara ini mahasiswa?*
    (Are you an undergraduate?)

B : *Bukan*. Saya bukan mahasiswa.*
    Saya seorang pegawai bahasa.
    (No. I am not an undergraduate.
    I am a language officer.)

Bukan is used to negate nouns and nominals.

Di Mana Bapak Tinggal?
(Where Do You Live?)

AHMAD : *Selamat pagi, Pak.*
(Good morning, sir.)

HASSAN : *Selamat pagi.*
(Good morning.)

AHMAD : *Nama saya Ahmad. Saya orang Singapura.*
(My name is Ahmad. I am Singaporean.)

HASSAN : *Nama saya Hassan. Saya orang Indonesia.*
Saya bukan orang Singapura.
(My name is Hassan. I am Indonesian.
I am not Singaporean.)

AHMAD : *Di mana Bapak tinggal di Singapura?*
(Where do you live in Singapore?)

HASSAN : *Saya tinggal di Clementi. Dan Anda?*
(I live at Clementi. And you?)

AHMAD : *Saya tinggal di Holland Road.*
(I live at Holland Road.)

Apakah Anda Orang Singapura?
(Are You A Singaporean?)

AHMAD : *Jane, apakah Anda orang Singapura?*
(Jane, are you Singaporean?)

JANE : *Saya bukan orang Singapura*
(No, I am not Singaporean.)

AHMAD : *Apakah kebangsaan Anda?*
(What is your nationality?)

JANE : *Saya orang Inggeris.*
(I am English.)

AHMAD : *Apakah teman Anda orang Inggeris juga?*
(Is your friend also English?)

JANE : *Ya, dia orang Inggeris juga.*
(Yes, he is also English.)

AHMAD : *Terima kasih.*
(Thank you.)

Bagaimana Anda Pergi?
(How Do You Go?)

NINI : *Selamat pagi, Bu Afiah?*
(Good morning, Madam.)

BU AFIAH : *Selamat pagi. Anda tinggal di mana?*
(Good morning. Where do you live?)

NINI : *Saya tinggal tidak jauh dari sekolah.*
(I live not far from school.)

BU AFIAH : *Bagaimana Anda pergi ke sekolah?*
(How do you go to school?)

NINI : *Naik bis.*
(By bus.)

BU AFIAH : *Tidak bisa* Anda berjalan kaki?*
(Can't you walk there?)

NINI : *Bisa. Tetapi agak jauh juga, kalau jalan kaki.*
(Of course I can. But it is rather far to walk.)

*Bisa means 'can', 'able to'. It is a synonym of *dapat*.

Kapan Saudara Dilahirkan?
(When Were You Born?)

AHMAD : *Selamat pagi, Pak.*
(Good morning, sir.)

PAK YUSUF : *Selamat pagi, silakan duduk.*
(Good morning, please sit down.)

AHMAD : *Terima kasih.*
(Thank you.)

PAK YUSUF : *Siapa nama Saudara?*
(What's your name?)

AHMAD : *Nama saya Ahmad.*
(My name is Ahmad.)

PAK YUSUF : *Kapan* Saudara dilahirkan?*
(When were you born?)

AHMAD : *Saya dilahirkan pada tanggal 20 [dua puluh]
Mei 1968 [sembilan belas enam puluh
delapan].*
(I was born on the 20th of May 1968.)

PAK YUSUF : *Di mana alamat Saudara?*
(What is your address?)

AHMAD : *Saya tinggal di Setiabudi, Nomor 95
[sembilan puluh lima], Jakarta Selatan.*
(I live at Setiabudi, No. 95, Jakarta South.)

PAK YUSUF : *Terima kasih. Itu saja pertanyaan saya.*
(Thank you. That's all I want to ask.)

Kapan is a question word meaning 'when'. It is interchangeable with *bila*.

Berapa Umur Anda?
(How Old Are You?)

PAK LUKMAN : *Siapa nama Anda?*
(What is your name?)

NURDIN : *Nama saya Nurdin.*
(My name is Nurdin.)

PAK LUKMAN : *Berapa* umur Anda?*
(How old are you?)

NURDIN : *Umur saya 28 [dua puluh delapan] tahun.*
(I am 28.)

PAK LUKMAN : *Siapakah nama orang tua Anda?*
(What's the name of your father [lit parent]?)

NURDIN : *Nama bapak saya Sumanjaya.*
(My father's name is Sumanjaya.)

PAK LUKMAN : *Di mana alamat Anda di Jakarta ini?*
(What is your address in Jakarta?)

NURDIN : *Saya tinggal di Nomor 22 [dua puluh dua], Jalan Tupai, Pasar Minggu.*
(I live at No. 22, Jalan Tupai, Pasar Minggu.)

Berapa means 'how much', 'how many'. *Tanggal berapa*, 'what date?' *Beberapa* is 'a few', 'several'.

3

ONE'S FAMILY

Siapa Nama Anda?
(What Is Your Name?)

ARIFIN : *Selamat sore, Nyonya.*
(Good afternoon, Madam.)

NYONYA : *Selamat sore. Siapa nama Anda?*
(Good afternoon. What is your name?)

ARIFIN : *Nama saya Arifin.*
(My name is Arifin.)

NYONYA : *Anda punya* saudara laki-laki?*
(Have you got a brother?)

ARIFIN : *Ya, saya punya dua orang saudara laki-laki.*
(Yes, I have two brothers.)

NYONYA : *Berapa umur mereka?*
(How old are they?)

ARIFIN : *Seorang berumur 20 [dua puluh] tahun dan seorang lagi berumur 15 [lima belas] tahun.*
(One is twenty years old and another one is fifteen years old.)

*Punya means 'to possess'. *Punya saya* means 'mine', *punya dia* is 'his'. *Kepunyaan* is 'possession'.

Saudara Punya Saudara?
(Have You Got Brothers And Sisters?)

AHMAD : *Selamat pagi, Pak.*
(Good morning, sir.)

PAK GHAZALI : *Selamat pagi. Siapa nama Saudara?*
(MR. GHAZALI) (Good morning. What's is your name?)

AHMAD : *Nama saya Ahmad.*
(My name is Ahmad.)

PAK GHAZALI : *Saudara punya saudara?*
(MR. GHAZALI) (Have you got brothers and sisters?)

AHMAD : *Ya, saya punya.*
(Yes, I have.)

PAK GHAZALI : *Berapa orang?*
(MR. GHAZALI) (How many?)

AHMAD : *Dua orang. Seorang abang* dan seorang adik perempuan.*
(Two. An elder brother and a younger sister.)

*Please note that in Jakarta, *abang* or *bang* is sometimes used to address a working-class person with whom one is not acquainted with, e.g. *bang becak*, 'a pedicab driver'.

Sudahkah Saudara Berkeluarga?
(Do You Have A Family?)

A : *Maaf, Saudara Basuki. Bolehkah* saya bertanya?*
(Excuse me, Mr. Basuki. May I ask you a question?)

B : *Boleh saja, silakan.*
(Of course, you can.)

A : *Sudahkah Saudara berkeluarga?*
(Do you have a family?)

B : *Sudah.*
(Yes.)

A : *Sudah mempunyai anak?*
(Any children?)

B : *Tiga orang, dua laki-laki dan seorang perempuan.*
(Yes, three of them, two boys and one girl.)

A : *Bagaimana mereka, sehat-sehat saja, bukan?*
(How are they, all in good health?)

B : *Mereka sehat-sehat semuanya.*
(They are all in good health.)

A : *Bagaimana isteri Saudara?*
(How is your wife?)

B : *Dia juga baik-baik saja.*
(She is also fine.)

*Boleh denotes permission and is best translated as 'may'.

30

Bagaimana Dengan Kakakmu?
(How Is Your Elder Sister?)

RINI : *Selamat sore, Ibu.*
(Good evening, Ma'am.)

BU SULASTIN : *Oh, Rini, silakan masuk.*
(MRS. SULASTIN) (Oh, Rini, please come in.)

RINI : *Apa kabar Ibu?*
(How are you, Ma'am?)

BU SULASTIN : *Saya baik-baik saja. Bagaimana*
(MRS. SULASTIN) *dengan Anda? Dan bagaimana*
dengan kakakmu, Tini?*
(I am fine. How are you?
And how is your elder sister, Tini?)

RINI : *Saya sehat-sehat saja. Kak Tini sudah*
kawin tahun lalu.
(I am in the best of health. My elder
sister has got married last year.)

BU SULASTIN : *Abangmu bagaimana?*
(MRS. SULASTIN) (How is your brother?)

RINI : *Abang saya, Tomo, sudah menjadi*
mahasiswa.
(My brother, Tomo, is now a
university student.)

BU SULASTIN : *Apa yang dipelajarinya?*
(MRS. SULASTIN) (What does he study?)

RINI : *Bidang hukum.*
(Law.)

Kakak or *kak* means 'elder sister' in Malay but in Indonesian, *kakak* may mean 'elder brother', though in such case, it is always qualified by *laki-laki*. And elder sister is *kakak perempuan*.

Ibu Punya Anak?
(Do You Have Any Children?)

RINI : *Ibu, apa boleh saya bertanya?*
(Hallo, Madam. May I ask you a question?)

BU SULASTIN : *Silakan*. Tanyalah apa yang Anda*
(MRS. SULASTIN) *ingin tahu.*
(Yes. Just ask what you want to know.)

RINI : *Ibu punya anak?*
(Do you have any children?)

BU SULASTIN : *Oh, ada. Dia sekarang kuliah di*
(MRS. SULASTIN) *Universitas Indonesia.*
(Yes, I've a son. He is now studying at the University of Indonesia.)

RINI : *Di Fakultas apa?*
(In which faculty?)

BU SULASTIN : *Di Fakultas Kedokteran Gigi, tingkat*
(MRS. SULASTIN) *terakhir.*
(The Faculty of Dentistry, in the final year.)

RINI : *Siapa namanya?*
(What's his name?)

BU SULASTIN : *Mohammad Sulastin.*
(MRS. SULASTIN) (Mohammad Sulastin.)

RINI : *Apa dia tinggal di asrama?*
(Does he live in a hostel?)

33

Bu Sulastin   : *Tidak. Dia tinggal di rumah.*
(Mrs. Sulastin)   *Sebentar lagi dia akan pulang.*
                   Nanti saya perkenalkan.
                   (No. He lives at home.
                   Very soon he'll be back.
                   I'll introduce him to you.)

Silakan conveys an invitation to someone to do something for his own benefit, e.g. *silakan duduk*, 'please sit down'. Please note that *sila* also means 'principles' as in *Pancasila* (the Five Principles) of the Republic of Indonesia.

4

OCCUPATIONS

Apa Pekerjaan Beliau?
(What Does He Do?)

AGUS : *Sudah kenalkah Saudara dengan Pak Lukman?*
(Do you know Mr. Lukman?)

BAMBANG : *Belum. Apa pekerjaan beliau*?*
(No, not yet. What does he do?)

AGUS : *Beliau seorang wartawan.*
(He is a journalist.)

BAMBANG : *Beliau bekerja di mana?*
(Where is he working?)

AGUS : *Beliau bekerja di sebuah surat kabar di Padang.*
(He is working with a newspaper at Padang.)

BAMBANG : *Pekerjaan apakah yang biasa dilakukan seorang wartawan?*
(Normally what is the job of a journalist?)

AGUS : *Seorang wartawan biasanya menulis berita.*
(A journalist writes news.)

BAMBANG : *Cuma itu saja?*
(Only that?)

AGUS : *Tidak. Beliau juga mengulas perkembangan politik dan ekonomi di dalam dan di luar negeri.*
(No. He also comments on political and economic developments at home and abroad.)

*Beliau is a respectful reference to 'he' or 'she'.

Apakah Nona Tan Seorang Sekretaris?
(Is Miss Tan a Secretary?)

AMIN : *Siapakah gadis itu?*
(Who is that girl?)

BASRI : *Oh, itu Nona* Tan.*
(Oh, that is Miss Tan.)

AMIN : *Apakah Nona Tan itu seorang sekretaris?*
(Is Miss Tan a secretary?)

BASRI : *Betul, Nona Tan seorang sekretaris di kantor kami.*
(Yes, Miss Tan is a secretary at our office.)

AMIN : *Apa kerja seorang sekretaris setiap hari?*
(What does a secretary do each day?)

BASRI : *Seorang sekretaris harus menerima telpon, menulis surat, kadang-kadang juga menerima tamu.*
(A secretary must answer the telephone calls and write letters. Sometimes she has to receive guests.)

AMIN : *Banyak juga kerja seorang sekretaris, ya?*
(A secretary has many duties, eh?)

*Nona is used to address an unmarried woman and can be translated as 'Miss' or 'you'.

Apa Beliau Saudagar?
(Is He a Merchant?)

ATENG : *Siapakah orang* itu?*
(Who is that man?)

BAMBANG : *Oh, itu Pak Yusuf.*
(Oh, that is Mr. Yusuf.)

ATENG : *Apa beliau Saudagar?*
(Is he a merchant?)

BAMBANG : *Bukan, beliau bukan saudagar. Beliau*
seorang pegawai di Kedutaan Indonesia.
(No, he is not a merchant. He is an
employee of the Indonesian Embassy.)

ATENG : *Siapakah orang yang berbicara dengan Pak*
Yusuf itu?
(Who is the man speaking to Mr. Yusuf?)

BAMBANG : *Oh, itu Pak Abdullah. Beliau seorang guru.*
(Oh, that is Mr. Abdullah. He is a teacher.)

Orang which means 'person' or 'people' is also used as a
numeral classifier for human beings. *Seorang* is *satu orang*,
'one person'.

Apa Tuan Ini Wartawan?
(Are You a Journalist?)

AHMAD : *Apa Tuan ini wartawan?*
(Are you a journalist?)

BILL : *Bukan, saya bukan wartawan.*
(No, I am not a journalist.)

AHMAD : *Atau Tuan seorang pengusaha?*
(Or are you an industrialist?)

BILL : *Bukan, saya bukan seorang pengusaha.*
(No, I am not a industrialist.)

AHMAD : *Apakah pekerjaan Tuan?*
(What do you do?)

BILL : *Saya seorang karyawan* bank.*
(I am a bank employee.)

Karyawan is derived from *karya*, 'work' and *wan*, 'an expert in certain field'. *Karyawan* usually refers to white-collar worker. It can be used as synonym of *pegawai*.

Apakah Pekerjaan Orang Tua Saudara?
(What Are Your Parents' Occupations?)

AHMAD : *Apakah pekerjaan orang tua Saudara?*
(What are your parents' occupations?)

BASIR : *Bapak saya seorang insinyur. Ibu saya seorang guru.*
(My father is an engineer. And my mother is a teacher.)

AHMAD : *Abang Saudara?*
(Your brother?)

BASIR : *Abang saya seorang dokter*.*
(My brother is a doctor.)

AHMAD : *Adik Saudara?*
(Your younger brother?)

BASIR : *Dia belum bekerja. Dia seorang pelajar.*
(He is not working. He is a student.)

*Please note that *dokter* normally refers to a medical practitioner, while *doktor* refers to a holder of a doctorate, though both words can be translated as 'doctor'.

Di Sekolah Manakah Anda Mengajar?
(In Which School Do You Teach?)

HASIM : *Pak Ibrahim, apakah Anda seorang guru?*
(Mr. Ibrahim, are you a teacher?)

IBRAHIM : *Benar, saya seorang guru.*
(Yes, I am a teacher.)

HASIM : *Di sekolah manakah Anda mengajar?*
(In which school do you teach?)

IBRAHIM : *Saya mengajar di Sekolah Menengah**
Temasek.
(I am teaching at Temasek Secondary School.)

HASIM : *Anda mengajar bidang apa?*
(What do you teach in school?)

IBRAHIM : *Saya mengajar bahasa Inggeris.*
(I teach English.)

HASIM : *Terima kasih.*
(Thank you.)

**Men + tengah = menengah. Tengah* means 'middle' and
setengah is 'half'.

41

Apakah Anda Mengajar Bahasa Indonesia?
(Do You Teach Indonesian?)

HASIM : *Pak Ibrahim, apakah Anda mengajar bahasa Indonesia?*
(Mr. Ibrahim, do you teach Indonesian?)

IBRAHIM : *Saya tidak mengajar bahasa Indonesia, tetapi mengajar bahasa Inggeris.*
(No, I do not teach Indonesian. I teach English.)

HASIM : *Sudah berapa lama Anda mengajar?*
(How long have you been teaching?)

IBRAHIM : *Saya mengajar sudah 20 [dua puluh] tahun.*
(I have been teaching for twenty years.)

HASIM : *Apakah Anda tidak bosan?*
(Aren't you bored?)

IBRAHIM : *Tidak, saya tidak bosan. Kalau bosan, saya sudah lama ganti pekerjaan.*
(No, I am not bored. If I were, I would have changed jobs long ago.)

HASIM : *Anda memang guru yang baik.*
(You are really a good teacher.)

5

DESCRIBING PEOPLE

Anwar Yang Mana?
(Which Anwar?)

ABDULLAH : *Apakah Pak Leo kenal dengan Anwar?*
(Do you know Anwar, Mr. Leo?)

LEO : *Anwar yang mana? Yang kurus tinggi dan pakai kacamata?*
(Which Anwar? The thin, tall one who wears glasses?)

ABDULLAH : *Bukan, Anwar yang saya maksud itu agak gemuk dan pendek orangnya dan tidak berkacamata.*
(No, not him, the Anwar I meant is rather fat and short and does not wear glasses.)

LEO : *Oh, Anwar yang menjadi* wartawan itu?*
(Oh, Anwar the journalist?)

ABDULLAH : *Bukan, Anwar yang menjadi pedagang.*
(No, Anwar the businessman.)

LEO : *Oh, saya sekarang ingat. Ada apa dengan dia?*
(Yes, now I remember. Anything about him?)

ABDULLAH : *Dia sudah kawin dengan Aminah.*
(He's married Aminah.)

LEO : *Aminah yang hitam manis itu?*
(The dark sweet Aminah?)

ABDULLAH : *Betul, Aminah yang hitam manis itu.*
(Yes, the dark and sweet Aminah.)

Men + *jadi* = *menjadi*, 'to become'. *Jadi* also means (1) 'thus', 'so'. *Jadi, kalau begitu, saya pulang saja*: So if that is the case, I might as well go home; (2) 'finished', 'completed'. *Jembatan itu belum jadi*: The bridge is not finished yet.

Bagaimana Pendapat Anda Tentang Tuti?
(What Do You Think Of Tuti?)

A : *Bagaimana pendapat Anda tentang Tuti?*
(What do you think of Tuti?)

B : *Saya kira dia sangat cantik dan cerdas.*
(I think she's very beautiful and intelligent.)

A : *Bagaimana dengan adik perempuannya, Tini?*
(What do you think of her younger sister, Tini?)

B : *Saya kira Tini kurang cantik dan kurang cerdas pula.*
(I think Tini is less beautiful and less intelligent.)

A : *Apakah Tini tidak ada kelebihan sama sekali?*
(Doesn't Tini have some plus points?)

B : *Ada juga. Tini lebih ramah dan periang, sedangkan Tuti sombong dan pendiam.*
(Yes, she does. She's friendly and lively, but her sister, Tuti, is proud and quiet.)

A : *Betul*. Saya setuju dengan Anda.*
(You are right. I agree with you.)

Betul, 'right', 'correct' or 'true'. *Kebetulan*, 'accidentally'.

Apakah Orangnya Pendek Dan Gemuk?
(Was He Short And Fat?)

A : *Tadi ada tamu ketika Bapak sedang keluar.*
(Someone called just now when you were out?)

B : *Siapa namanya?*
(What's his name?)

A : *Pak Gunawan.*
(Mr. Gunawan.)

B : *Pak Gunawan? Apa orangnya pendek dan gemuk?*
(Mr. Gunawan? Was he short and fat?)

A : *Ya, benar*.*
(Yes, he was.)

B : *Kalau begitu tentu Pak Gunawan Wibisono.*
(Then it must be Mr. Gunawan Wibisono.)

A : *Pak Gunawan Wibisono?*
(Mr. Gunawan Wibisono?)

B : *Ya, Gunawan Wibisono, seorang pengarang terkenal.*
(Yes, Mr. Gunawan Wibisono, the famous writer.)

Benar, 'right', 'correct' or 'true'. *Kebenaran*, 'truth'. Please note that *benar* means 'very' in *Gadis itu cakep benar*: The girl is really beautiful.

Bagaimana Rupa Dosen Saudara?
(How Does Your Lecturer Looks Alike?)

ADAM : *Bagaimana rupa dosen bahasa Indonesia Saudara?*
(How does your Indonesian language lecturer looks like?)

BILL : *Saudara maksud Pak Joko?*
([You mean] Mr. Joko?)

ADAM : *Ya, Pak Joko.*
(Yes, Mr. Joko.)

BILL : *Pak Joko itu agak tinggi orangnya.*
(Well, Mr. Joko is rather tall.)

ADAM : *Apa Pak Joko pakai kacamata?*
(Does he wear spectacles?)

BILL : *Tidak, Pak Joko tidak pakai kacamata.*
(No, he doesn't.)

ADAM : *Apakah beliau pemarah?*
(Is he fierce?)

BILL : *Tidak, beliau sangat penyabar*.*
(No, he is very patient.)

Peny + sabar = penyabar. Pe denotes person. *Pe + malas = pemalas* means 'a lazy person' or 'lazy'.

48

Apakah Dia Baik Orangnya?
(Is He a Good Man?)

TINI : *Apakah Anda kenal dengan Pak Bambang?*
(Do you know Mr. Bambang.)

DINI : *Ya, saya kenal. Dia guru bahasa Inggeris saya.*
(Yes, I do. He's my English language teacher.)

TINI : *Apakah dia baik orangnya?*
(Is he a good man?)

DINI : *Dia baik sekali.*
(Yes, he's a good man.)

TINI : *Apakah dia punya mobil?*
(Does he have a car?)

DINI : *Saya kira punya.*
(I think he does.)

TINI : *Dia tinggal di mana?*
(Where does he live?)

DINI : *Di sebuah rumah susun di Tanah Abang.*
(In a flat in Tanah Abang.)

TINI : *Apakah dia sudah berkeluarga*?*
(Is he married?)

DINI : *Saya kurang pasti. Tanyalah dia sendiri.*
(I am not sure. Just ask him yourself.)

---

*Berkeluarga, 'to have a family'. *Keluarga*, 'family'.

*Apakah** *Beliau Sudah Kawin?*
(Is He Married?)

NURDIN : *Siapa tetangga baru Anda?*
(Who is your new neighbour?)

HAMID : *Pak Budi.*
(Mr. Budi.)

NURDIN : *Pak Budi datang dari mana?*
(Where does Mr. Budi come from?)

HAMID : *Beliau datang dari Surabaya, Indonesia.*
(He comes from Surabaya, Indonesia.)

NURDIN : *Di manakah beliau bekerja?*
(Where is he working?)

HAMID : *Beliau bekerja di sebuah firma di kota kita ini.*
(He is working in a firm in our city.)

NURDIN : *Apakah beliau sudah kawin?*
(Is he married?)

HAMID : *Saya pikir, sudah.*
(I think so.)

Please note that in colloquial speech, the particle *-kah* is often left out.

Bagaimana Orangnya?
(What Is He Like?)

HAMID : *Nurdin, siapakah* laki-laki itu?*
(Nurdin, who is that man?)

NURDIN : *Itulah tetangga kita yang baru.*
(Oh, that is our new neighbour.)

HAMID : *Siapakah namanya?*
(What is his name?)

NURDIN : *Namanya Pak Joko.*
(His name is Mr. Joko.)

HAMID : *Pak Joko datang dari mana?*
(Where does Mr. Joko come from?)

NURDIN : *Dia datang dari Jakarta.*
(He comes from Jakarta.)

HAMID : *Bagaimana orangnya?*
(What is he like?)

NURDIN : *Oh, dia baik dan ramah.*
(Oh, he is kind and friendly.)

Siapa or *siapakah* (formal) is an interrogative pronoun used to ask a person's name.

Bagaimana Kabarnya?
(How Are You?)

ARIFF : *Hai San, bagaimana kabarnya?*
(Hai San, how are you?)

HASSAN : *Baik-baik saja, seperti biasa. Bagaimana kabar Saudara?*
(I am fine, as usual. And how are you?)

ARIFF : *Juga baik, terima kasih. Apakah orang tua Saudara baik-baik saja?*
(Fine, thank you. Are your parents in good health?)

HASSAN : *Ibu sehat-sehat saja, tetapi bapak sedang sakit.*
([My] mother is fine, but my father is ill.)

ARIFF : *Sakit beratkah bapak Saudara?*
(Is your father seriously ill?)

HASSAN : *Agak berat juga. Ia sakit darah tinggi.*
(Quite serious. He is suffering highblood pressure.)

ARIFF : *Mudah-mudahan ia lekas sehat kembali.*
(Hope he will recover soon.)

HASSAN : *Terima kasih atas perhatian Saudara.*
(Thank you for your kindness.)

6

IDENTIFYING AND DESCRIBING OBJECTS

Bendera Apa Itu?
(What Flag's That?)

ROBERT : *Taufik, bendera apa itu?*
(Taufik, what flag's that?)

TAUFIK : *Itu bendera Indonesia.*
(That's the Indonesia flag.)

ROBERT : *Warnanya merah dan putih?*
(The colour's red and white?)

TAUFIK : *Betul, itu warna bendera Indonesia.*
(Yes, that's the colour of the Indonesia flag.)

ROBERT : *Kenapa* merah dan putih?*
(Why red and white?)

TAUFIK : *Merah berarti berani dan putih berarti suci.*
(Red means courage and white means purity.)

ROBERT : *Jadi?*
(So?)

TAUFIK : *Jadi merah putih menandakan tekad
perjuangan Indonesia.*
(So it signifies Indonesia's determination to
fight.)

*Kenapa is the colloquial form of *mengapa*, 'why', 'what's
the matter?'.

Apa Namanya Ini?
(What Is This?)

ALI   :   *Apa* ini?*
             (What is this?)

BUDI   :   *Itu meja.*
             (That is a table.)

ALI   :   *Apa ini meja juga?*
             (Is this a table too?)

BUDI   :   *Bukan, itu kursi.*
             (No, that's a chair.)

ALI   :   *Apa namanya ini dalam bahasa Indonesia?*
             (What is this called in Indonesian?)

BUDI   :   *Itu cangkir.*
             (That's a cup.)

ALI   :   *Apa ini cangkir juga?*
             (Is this a cup too?)

BUDI   :   *Bukan, itu gelas.*
             (No, that's a glass.)

*Apa, 'what', 'which', is here used as an interrogative pronoun to ask the name of a thing or article. Please note *Ada apa?* means 'what's wrong', 'why?'.

55

Apa Ini Buku Saudara?
(Is This Your Book?)

ALI : *Apa ini?*
(What is this?)

BUDI : *Ini buku.*
(This is a book.)

ALI : *Apa ini buku Saudara?*
(Is this your book?)

BUDI : *Bukan, itu bukan buku saya.*
(No, that's not my book.)

ALI : *Apa namanya ini dalam bahasa Indonesia?*
(What is this called in Indonesian?)

BUDI : *Itu majalah*.*
(That's a magazine.)

ALI : *Apa itu majalah Saudara?*
(Is that your magazine?)

BUDI : *Ya, itu majalah saya.*
(Yes, that's my magazine.)

Majalah Mingguan, 'weekly'.

Apakah Ini Sebuah Kamus?
(Is This A Dictionary?)

ADAM : *Apakah ini sebuah kamus?*
(Is this a dictionary?)

BROTO : *Ya, itu sebuah kamus.*
(Yes, that is a dictionary.)

ADAM : *Apakah kamus itu milik* Saudara?*
(Is the dictionary yours?)

BROTO : *Ya, kamus itu saya punya.*
(Yes, the dictionary is mine.)

ADAM : *Di mana kamus saya?*
(Where is my dictionary?)

BORTO : *Kamus Saudara ada di atas meja.*
(Your dictionary is on the table.)

ADAM : *Bagaimana Saudara tahu?*
(How do you know?)

BROTO : *Saya yang meletakkan kamus Saudara di situ.*
(It's I who put it there.)

Milik is a synonym of *punya*, 'to possess', 'to own'.

Sepeda Siapa Itu?
(Whose Bicycle Is That?)

ADAM : *Sepeda siapa itu, John?*
(Whose bicycle is that, John?)

JOHN : *Itu sepeda Joko.*
(That's Joko's bicycle.)

ADAM : *Joko, siapa Joko?*
(Joko, who is Joko?)

JOHN : *Joko adalah* teman saya.*
(Joko is my friend.)

ADAM : *Di mana sepeda Saudara sendiri?*
(Where is your bicycle?)

JOHN : *Sepeda saya hilang.*
(I lost it.)

ADAM : *Kapan?*
(When [did you lose it]?)

JOHN : *Dua hari yang lalu.*
(Two days ago.)

ADAM : *Kasihan.*
(Poor chap.)

*Adalah is the verb 'to be' in Indonesian. It is interchangeable with *ialah*.

Apa Itu Surat Edaran?
(Is That a Circular?)

A : *Apa ini?*
   (What's this?)

B : *Itu mesin tik.*
   (That is a typewriter.)

A : *Apa itu surat?*
   (Is that a letter?)

B : *Bukan, itu surat edaran.*
   (No, that's a circular [letter].)

A : *Apa itu surat edaran?*
   (What's a circular [letter]?)

B : *Surat edaran ialah surat yang berisi pengumuman.*
   (A circular letter is a letter which contains an
   announcement.)

A : *Siapa yang membuat* surat itu?*
   (Who makes the circular?)

B : *Sekretaris atas perintah direktur.*
   (The secretary on behalf of the director.)

Mem + buat = *membuat*, 'to make'. It is interchangeable
with *membikin*, which is rather colloquial.

Kepunyaan Siapakah Map Ini?
(Whose File Is This?)

A : *Kepunyaan siapakah map ini?*
   (Whose file is this?)

B : *Yang* mana?*
   (Which one?)

A : *Yang merah itu.*
   (The red one.)

B : *Oh, itu kepunyaan Amalia.*
   (Oh, that's Amalia's.)

A : *Yang mana kepunyaan Anda?*
   (Which one is yours?)

B : *Itu, yang biru.*
   (The blue one.)

A : *Di mana map saya?*
   (Where is my file?)

B : *Di dalam laci.*
   (In the drawer.)

*Yang, 'which', 'who'. *Yang datang siapa?*: Who was it that came? *Yang mana mobil Saudara?*: Which one is your car?

Apakah Tas Anda Itu Mahal?
(Is Your Bag Expensive?)

DINI : *Jane, apakah Anda punya tas?*
(Jane, do you have a bag?)

JANE : *Punya. Ada* apa?*
(Yes, I do. What's the matter?)

DINI : *Apakah tas Anda itu baru?*
(Is your bag new?)

JANE : *Tas saya masih baru. Saya baru membelinya minggu lalu.*
(Yes, my bag is still new. I just bought it last week.)

DINI : *Apakah tas Anda itu mahal?*
(Is your bag expensive?)

JANE : *Tas saya tidak mahal. Tas saya murah saja.*
(No, my bag is not expensive. My bag is cheap.)

DINI : *Bolehkah saya pinjam tas Anda? Hanya untuk satu malam saja.*
(May I borrow your bag? Just for one night.)

JANE : *Silakan, kalau Anda perlu menggunakannya.*
(Please do, if you need to use it.)

*Ada, 'there is', 'there are'. It also means 'to have'. *Dia ada kawan baru*: He has a new friend.

Koran Apa Itu?
(What Kind of Newspaper Is That?)

A : *Apa itu?*
(What is that?)

B : *Itu koran.*
(That is a newspaper.)

A : *Koran apa itu?*
(What kind of newspaper is that?)

B : *Itu koran daerah.*
(That is a regional newspaper.)

A : *Apa namanya koran itu?*
(What is the name of the newspaper?)

B : *'Kedaulatan Rakyat'.*
(*People's Sovereignty.*)

A : *Apa koran itu bagus?*
(Is the newspaper good?)

B : *Cukup bagus.*
(Quite good.)

Koran, 'newspaper', is the colloquial equivalent of *suratkabar*. It should be distinguished from *Quran*, the Holy Book of Islam.

7

TIMES, DAYS, DATES

Jam Berapa Anda . . . ?
(What Time Do You . . . ?)

HAMID : *John, jam* berapa Anda bangun setiap hari?*
(John, what time do you get up every morning?)

JOHN : *Saya bangun jam enam setiap pagi.*
(I get up at six o'clock every morning.)

HAMID : *Jam berapa Anda sarapan?*
(What time do you eat breakfast?)

JOHN : *Saya sarapan jam tujuh.*
(I eat my breakfast at seven o'clock.)

HAMID : *Jam berapa Anda pergi ke kantor?*
(What time do you go to your office?)

JOHN : *Saya pergi ke kantor jam delapan.*
(I go to the office at eight o'clock.)

HAMID : *Jam berapa Anda mulai bekerja?*
(What time do you start work?)

JOHN : *Saya mulai bekerja jam setengah sembilan pagi.*
(I start work at 8.30 a.m.)

HAMID : *Anda bekerja sampai jam berapa?*
(Until what time do you work?)

JOHN : *Saya bekerja sampai jam setengah lima sore.*
(I work until 4.30 p.m.)

HAMID : *Berapa jam Anda bekerja dalam sehari?*
(How many hours do you work in a day?)

JOHN   : *Delapan jam.*
              (Eight hours.)

*_Jam_, 'hour', 'o'clock'. Please note that four-thirty is *empat tiga puluh* or *setengah lima* (lit. half and hour to five). And five-thirty is *setengah enam*, half an hour to six.

Jam Berapa Sekarang?
(What's The Time Now?)

HAMID : *John, jam berapa sekarang?*
(John, what's the time now?)

JOHN : *Sekarang sudah jam 2.45* [tiga kurang lima belas menit] sore.*
(It's already 2.45 p.m.)

HAMID : *Kurang berapa menit lagi jam 3.00 [tiga]?*
(How many minutes more is it to three o'clock?)

JOHN : *Kurang 15 [lima belas] menit lagi.*
(About 15 minutes.)

HAMID : *Apakah arloji Anda cepat? Arloji saya baru menunjukkan jam 2.00 [dua].*
(Is your watch fast? My watch shows two o'clock.)

JOHN : *Saya kira arloji saya tepat. Arloji Anda yang lambat barangkali. Ada apa?*
(I think my watch is accurate. Perhaps your watch is slow. What's the matter?)

HAMID : *Saya ada rapat jam 3.45 [empat kurang lima belas menit].*
(I have a meeting at a quarter to four.)

JOHN : *Kalau begitu, lekaslah berpakaian supaya Anda tidak terlambat.*
(If that's the case, you'd better get dressed so that you won't be late.)

*Please note that 2.45 can also be referred to as *jam (pukul)* *tiga kurang seperempat* (quarter to 3).

Jam Berapa Arloji Anda?
(What Is Your Time Now?)

HAMID : *John, Anda terlambat 5 [lima] menit.*
Jam berapa arloji Anda sekarang?
(John, You are five minutes late.
What is your time now?)

JOHN : *Arloji saya sekarang sudah menunjukkan jam*
8.05 * [delapan lima menit].*
(My time now is five past eight.)

HAMID : *Jam berapa seharusnya Anda berada di sini?*
(At what time must you be here?)

JOHN : *Saya seharusnya ada di sini jam 8.00*
[delapan] tepat.
(I must be here at 8 o'clock sharp.)

HAMID : *Sebaiknya Anda sudah berada di sini, jam 7.55*
[delapan kurang lima menit] atau . . . .
(It is best that you are here five to eight or . . .)

JOHN : *Atau jam 7.55 [tujuh lima puluh lima menit].*
(Seven fifty-five.)

HAMID : *Bagus, Anda sudah pandai menyebutkan waktu*
dalam bahasa Indonesia sekarang.
(Good. You are good at telling the time in
Indonesian now.)

*Please note that five minutes past eight is *jam delapan
lewat lima menit* (8 hours past 5 minutes).

Jam Berapa Kereta Api Berangkat?
(When Will The Train Depart?)

AHMAD : *Kereta api sudah datang?*
(Has the train arrived?)

BAHRI : *Belum, Pak.*
(Not yet, sir.)

AHMAD : *Jam berapa kereta api berangkat**?*
(When will the train depart?)

BAHRI : *Biasanya jam setengah sepuluh pagi, Pak.*
(Usually at 9.30 a.m., sir.)

AHMAD : *Kalau begitu sebentar lagi. Mari kita minum
kopi di restoran itu.*
(It'll depart in a short while then. Let's drink a
cup of coffee in the restaurant.)

BAHRI : *Baik, Pak. Terima kasih.*
(All right, sir. Thank you.)

**Ber + angkat* = *berangkat*, 'to depart'. Please note the
original meaning of *angkat* is 'to lift' or 'carry'. *Angkat
barang ini*: Please take this thing. It can also mean 'to
appoint'.

Jam Berapa Isteri Tuan Akan Sampai?
(When Will Your Wife Arrive?)

PAK HARYADI : *Selamat pagi, Tuan Smith.*
(MR. HARYADI)   (Good morning, Mr. Smith.)

TUAN SMITH : *Selamat pagi, Pak Haryadi.*
(MR. SMITH)   (Good morning, Mr. Haryadi.)

PAK HARYADI : *Tuan mau pergi ke mana pagi ini?*
(MR. HARYADI)   (Where are you going this morning?)

TUAN SMITH : *Saya mau pergi ke pelabuhan udara*.*
(MR. SMITH)   *Saya akan menjemput isteri saya yang datang dari negeri Inggeris.*
(I am going to the airport. I am fetching my wife who is arriving from England.)

PAK HARYADI : *Jam berapa isteri Tuan akan sampai?*
(MR. HARYADI)   (When will your wife arrive?)

TUAN SMITH : *Kira-kira jam 8.30 [setengah*
(MR. SMITH)   *sembilan].*
(At about half past eight.)

PAK HARYADI : *Oh, sekarang sudah jam 8.00*
(MR. HARYADI)   *[delapan].*
(Oh, now is already eight o'clock.)

TUAN SMITH : *Permisi, Pak Haryadi.*
(MR. SMITH)   (Excuse me, Mr. Haryadi.)

*Airport is also called *lapangan terbang* or *bandar udara* which is often abbreviated to *bandara*.

Hari Ini Hari Apa?
(What Day Is Today?)

HASSAN : *David, hari ini hari apa?*
(David, what day is today?)

DAVID : *Hari ini hari Senin.*
(Today is Monday.)

HASSAN : *Kemarin**, *hari apa?*
(What day was yesterday?)

DAVID : *Kemarin hari Minggu.*
(Yesterday was Sunday.)

HASSAN : *Kalau besok, hari apa?*
(What day will it be tomorrow?)

DAVID : *Besok hari Selasa.*
(Tomorrow will be Tuesday.)

HASSAN : *Lusa, hari apa?*
(What day will it be the day after tomorrow?)

DAVID : *Lusa hari Rabu.*
(The day after tomorrow will be Wednesday.)

HASSAN : *Kemarin dulu hari apa?*
(What was the day before yesterday?)

DAVID : *Kemarin dulu hari Sabtu.*
(The day before yesterday was Saturday.)

*Kemarin, 'yesterday'. Please note that the Malay word for yesterday is *semalam* which in Indonesia means (1) 'last night' and (2) 'one night'.

Tahukah Anda . . . ?
(Do You Know . . . ?

Siti : *Kate, tahukah Anda seminggu ada berapa hari?*
(Kate, do you know how many days are there in a week?)

Kate : *Tahu. Seminggu ada tujuh hari.*
(Yes, I know. There are seven days in a week.)

Siti : *Tahukah Anda nama-nama hari dalam bahasa Indonesia?*
(Do you know the names of the day of the week in Indonesian?)

Kate : *Tentu saja.*
(Of course , I do.)

Siti : *Hari ini hari apa?*
(What day is today?)

Kate : *Hari ini hari Jum'at.*
(Today is Friday.)

Siti : *Besok hari apa?*
(What day is tomorrow?)

Kate : *Besok hari Sabtu.*
(Tomorrow is Saturday.)

Siti : *Coba* Anda sebutkan nama-nama hari dalam seminggu.*
(Please say the names of the day in a week.)

Kate : *Baik. Hari Minggu, Senin, Selasa, Rabu, Kamis, Jum'at dan Sabtu.*
(O.K. They are Sunday, Monday, Tuesday, Wednesday, Thursday, Friday and Saturday.)

Coba is a request, especially to one's junior to do something. It is sometimes interchangeable with *tolong* (lit. 'help' which denotes a request for favour to be done).

Ada Berapa Minggu Dalam Sebulan?
(How Many Weeks Are There In a Month?)

HASSAN : *David, ada berapa minggu dalam sebulan***?*
(David, how many weeks are there in a month?)

DAVID : *Sebulan ada empat minggu.*
(Four.)

HASSAN : *Ada berapa hari dalam seminggu?*
(How many days are there in a week?)

DAVID : *Seminggu ada tujuh hari.*
(Seven.)

HASSAN : *4 x 7 = 28 [empat kali tujuh ada dua puluh delapan] Jadi, sebulan ada dua puluh delapan hari, betul?*
(4 x 7 = 28. So there are 28 days in a month, is it so?)

DAVID : *Tidak betul. Bulan Februari memang ada dua puluh delapan hari. Bulan-bulan yang lain, ada yang tiga puluh hari dan ada yang tiga puluh satu hari.*
(No, it is not so. True, February has 28 days. But as for the other months, some have 30 days and some have 31 days.)

HASSAN : *Ada berapa hari dalam setahun?*
(How many days are there in a year?)

DAVID : *365 [tiga ratus enam puluh lima].*
(365.)

74

HASSAN : *Memang Anda sudah pandai sekarang, David.*
(You are really clever now, David.)

Bulan means 'month' as well as 'moon'.

Tanggal Berapa Hari Ini?
(What Date Is Today?)

SITI : *Tanggal* berapa hari ini?*
(What date is today?)

KATE : *Hari ini tanggal 5 [lima] Maret.*
(Today is the fifth of March.)

SITI : *Kapan ulang tahun Anda?*
(When is your birthday?)

KATE : *Tanggal 17 [tujuh belas] Agustus.*
(The 17th of August.)

SITI : *Tahun berapa?*
(Which year?)

KATE : *Tahun 1945 [seribu sembilan ratus empat puluh lima].*
(1945.)

SITI : *Kate, tahukah Anda bahwa Anda lahir pada suatu hari yang penting?*
(Kate, do you know that you were born on an important day?)

KATE : *Saya lahir pada suatu hari yang penting?*
(I was born on an important day?)

SITI : *17 [tujuh belas] Agustus tahun 1945 [seribu sembilan ratus empat puluh lima] adalah Hari Kemerdekaan Indonesia.*
(17th August 1945 was Indonesia's Independence Day.)

KATE : *Oh ya, saya hampir lupa hari yang penting ini.*
(Oh yes, I had almost forgotten this important
day.)

Tanggal is the synonym of *haribulan* in Malay. But *tanggal*
also means 'to come off', i.e. *Giginya sudah tanggal*: His
teeth have come off.

Ada Berapa Bulan Dalam Setahun?
(How Many Months Are There In a Year?)

HASSAN : *David, ada berapa bulan dalam setahun?*
(How many months are there in a year?)

DAVID : *Setahun ada dua belas bulan.*
(There are twelve months in a year.)

HASSAN : *Bulan Maret, bulan yang keberapa David?*
(What month is March?)

DAVID : *Bulan Maret, bulan ketiga.*
(March is the third month.)

HASSAN : *Bulan yang pertama, bulan apa?*
(What month is the first month?)

DAVID : *Bulan yang pertama, bulan Januari.*
(The first month is January.)

HASSAN : *Coba Anda sebutkan nama-nama bulan dalam setahun.*
(Please say the names of the months in one year.)

DAVID : *Bulan Januari, Februari, Maret, April, Mei, Juni, Juli, Agustus, September, Oktober, Nopember dan Desember.*
(January, February, March, April, May, June, July, August, September, October, November and December.)

HASSAN : *Anda sudah menyebutkannya[*] dengan baik.*
(You have said them very well.)

---

[*]*Meny + sebut + kan + nya = menyebutkannya.*

Tahun Berapa Sekarang?
(What Year It Is Now?)

HASSAN : *John, kapan Anda lahir?*
(John, when were you born?)

JOHN : *Saya lahir tahun 1960 [seribu sembilan ratus enam puluh].*
(I was born in 1960.)

HASSAN : *Anda besar* di mana?*
(Where did you grow up?)

JOHN : *Saya besar di Singapura.*
(I grew up in Singapore.)

HASSAN : *Kapan Anda datang di Jakarta?*
(When did you arrive in Jakarta?)

JOHN : *Tahun 1980 [seribu sembilan ratus delapan puluh].*
(In 1980.)

HASSAN : *Sudah berapa tahun Anda tinggal di Jakarta?*
(How many years have you been living in Jakarta?)

JOHN : *Tahun berapa sekarang?*
(What year is it now?)

HASSAN : *Sekarang tahun 1990 [seribu sembilan ratus sembilan puluh].*
(It is now 1990.)

JOHN : *Kalau begitu, saya sudah sepuluh tahun tinggal di Jakarta.*
(In that case, I have been living for ten years in Jakarta.)

Besar means 'large', 'big'. *Dibesarkan* is 'to be brought up'. Please note that *besarkan* means 'to enlarge'.

Jam Berapa Rapat Dimulai?
(What Time Does The Meeting Begin?)

YANTI : *Maaf, Pak. Hari ini ada rapat*[*].
(Excuse me, sir. There's a meeting today.)

JONO : *Jam berapa rapat dimulai?*
(What time does the meeting begin?)

YANTI : *Jam 9.00 [sembilan], Pak.*
(At nine o'clock.)

JONO : *Sekarang jam berapa?*
(What's the time now?)

YANTI : *Sekarang sudah jam 8.45 [sembilan kurang lima belas menit] Pak.*
(Now it is 8.45, sir.)

JONO : *Masih seperempat jam lagi.*
(There's still a quarter of an hour left.)

YANTI : *Ya, Pak. Lima belas menit lagi.*
(Yes, sir. There's still fifteen minutes.)

JONO : *Rapat apa hari ini?*
(What kind of meeting is it today?)

YANTI : *Maaf, saya kurang tahu.*
(I'm sorry, sir, I don't know.)

JONO : *Baiklah. Saya rapat dulu.*
(All right. I'll just go for the meeting.)

YANTI : *Selamat, Pak.*
(Best of luck, sir.)

[*]*Rapat,* 'meeting'. *Rapat* also means 'close'. *Saya rapat dengan orang itu*: I am close to that man.

81

Berapa Umur Tante?
(How Old Are You, Aunty?)

PEMUDA : *Tante, boleh saya bertanya?*
(Aunty, may I ask [you] a question?)

TANTE : *Boleh saja.*
(You may.)

PEMUDA : *Berapa umur Tante?*
(How old are you, Aunty?)

TANTE : *Itu rahasia, tebak saja.*
(That is secret. Just guess.)

PEMUDA : *Barangkali 18 (delapan belas).*
(Eighteen perhaps.)

TANTE : *Lebih dari 18.*
(More that eighteen.)

PEMUDA : *50 (lima puluh) tahun.*
(50 years old.)

TANTE : *Yang benar saja dong. Tante sudah setua itu?*
(You cannot be serious. Am I so old already?)

PEMUDA : *Maaf, Tante, saya hanya bergurau saja.*
(Excuse me, Aunty, I am only joking.)

Tante, 'aunty', is often used to address a middle-aged woman of 30 or older who is not necessarily one's aunty.

8

HOBBIES AND LEISURES

Apakah Kegemaran Anda?
(What Are Your Hobbies?)

AMIN : *Bill, apakah kegemaran* Anda?
(Bill, what are your hobbies?)

BILL : *Saya suka membaca.*
(I like to read.)

AMIN : *Anda suka baca apa?*
(What do you like to read?)

BILL : *Saya suka membaca majalah, surat kabar, dan roman.*
(I like to read magazines, newspapers and novels.)

AMIN : *Dalam bahasa Indonesia?*
(In Indonesian?)

BILL : *Tidak. Dalam bahasa Inggeris.*
(No, in English.)

AMIN : *Mengapa tidak dalam bahasa Indonesia?*
(Why not in Indonesian?)

BILL : *Bahasa Indonesia saya masih lemah. Kalau bahasa Indonesia saya sudah baik, saya tentu membaca buku dalam bahasa Indonesia.*
(My Indonesian is still weak. When my Indonesian is better, I'll certainly read books in Indonesian.)

Gemar, 'to be fond of'. *Kegemaran* is interchangeable with *hobi* (hobbies).

Di Manakah Tuan Bermain Tenis?
(Where Do You Play Tennis?)

AMIR : *Ke manakah Tuan kemarin?*
(Where did you go yesterday?)

PEH : *Saya bermain tenis.*
(I played tennis.)

AMIR : *Tuan bermain tenis?*
(You played tennis?)

PEH : *Benar. Saya baru mulai sebulan yang lalu.*
(Yes. I started a month ago.)

AMIR : *Di manakah Tuan bermain tenis?*
(Where do you play tennis?)

PEH : *Di Senayan. Saya masuk anggota* klub tenis.*
(At Senayan. I become member of a tennis club.)

AMIR : *Bolehkah saya ikut?*
(May I come along?)

PEH : *Saya kira boleh.*
(I think so.)

AMIR : *Minggu depan saya ikut Tuan.*
(Next week I will go with you.)

*Anggota, 'member'. In Malay, *ahli* is commonly used.

Apa Yang Saudara Kerjakan?
(What Do You Do?)

AMIR : *Saudara John, apa kegemaran Saudara?*
(John, what are your hobbies?)

JOHN : *Apa maksud Saudara?*
(What do you mean?)

AMIR : *Apa yang Saudara kerjakan pada waktu senggang?*
(What do you do in your free time?)

JOHN : *Oh bermacam-macam.*
(All sorts of things.)

AMIR : *Misalnya?*
(For example?)

JOHN : *Misalnya saya membaca, menonton* TV atau menulis surat.*
(For example, I read, watch television or write letters.)

AMIR : *Menulis surat?*
(Write letters?)

JOHN : *Ya, menulis surat. Menulis surat adalah salah satu kegemaran saya.*
(Yes, write letters. Writing letters is one of my hobbies.)

Men + tonton = menonton, 'to watch a film or performance'. Please note that *penonton* in Indonesian always means 'spectators'. For TV audience, *pemirsa* or *pirsawan* is used.

86

Anda Hendak Ke Mana?
(Where Are You Going To?)

AHMAD : *Anda hendak* ke mana sore ini, Lie?
(Where are you going this evening, Lie?)

LIE : *Tidak ke mana-mana.*
(I am not going anywhere.)

AHMAD : *Apakah Anda mau menemani saya menonton jam 6.00 [enam]?*
(Would you like to accompany me to see a show at six o'clock?)

LIE : *Menonton? Di mana?*
(For a show? Where?)

AHMAD : *Di bioskop Lido.*
(At the Lido Theatre.)

LIE : *Film apa, Pak?*
(What kind of film is it?)

AHMAD : *Film Indonesia.*
(An Indonesian film.)

LIE : *Oh, bagus sekali. Saya suka menonton film Indonesia.*
(Oh, wonderful. I like to watch Indonesian films.)

Hendak, 'want', 'wish'. It is interchangeable with *mau* and *ingin*. In the Jakarta dialect, *kepingin* is often used.

87

Bagus Sekali Filmnya
(The Film Is Very Good)

AHMAD : *Lie, bagus sekali filmnya tadi. Tapi tahukah*
Anda di mana kamar kecil* di sini?
(Lie, the film is very good. Do you know
where the toilet is?)

LIE : *Oh, ya, Pak. Di sana. Bapak jalan terus saja,*
sampai di ujung jalan ini, Bapak belok kiri.
Ada *tulisan WC di situ.*
(Oh, yes. It's there. Go straight till the end of
this lane, then turn left. You will see the sign
toilet there.)

AHMAD : *Tunggu saya di sini. Jangan ke mana-mana.*
(Wait for me here. Don't go anywhere.)

LIE : *Baik, Pak. Apakah tidak sebaiknya saya*
mengambil mobil di tempat parkir?
(All right. But don't you think it better that I
fetch the car from the car park?)

AHMAD : *Oh, benar. Ini kuncinya. Kalau begitu tunggu*
saya di depan gedung ini.
(Oh yes. Here is the key. Wait for me in front
of the building.)

LIE : *Baik, Pak.*
(All right.)

*Kamar kecil, 'toilet', 'W.C. (wésé)', 'water closet' is
commonly used. You can also say *ke belakang* (to the back),
which is euphemistic or *kakus*, which is considered rude.

Apakah Anda Pernah Pergi Menonton Bioskop?
(Have You Been To The Cinema?)

LEO : *Jane, apakah Anda pernah pergi menonton bioskop belakangan ini?*
(Jane, have you been to the cinema recently?)

JANE : *Tidak. Apa ada* film bagus?*
(No. Are there any good films on?)

LEO : *Ya, ada. Ada film Indonesia yang bagus. Judulnya Sangkuriang.*
(Yes. There is a good Indonesian picture. It's entitled Sangkuriang.)

JANE : *Bagaimana ceritanya?*
(What's the story about?)

LEO : *Ceritanya tentang seorang anak raja, Sangkuriang, yang membunuh ayahnya. Kemudian dia jatuh cinta pada ibunya.*
(It is about a prince, Sangkuriang, who killed his father. Later, he fell in love with his mother.)

JANE : *Jadikah mereka kawin?*
(Did they manage to get married?)

LEO : *Tidak, perahu yang dibuat anak raja itu tertangkup. Di Bandung masih ada tempat pariwisata yang bernama 'Tangkuban Perahu'.*
(No. The boat which he made overturned. In Bandung, there is still a tourist attraction called 'The Overturned Boat'.)

---

*Ada, 'there is', 'to have'. Please note that *berada* means 'rich' and *keadaan* is 'situation".

Apakah Rencana Anda?
(What's Your Plan?)

A : *Apakah rencana Anda untuk liburan tahun ini?*
(What's your plan for holidays this year?)

B : *Saya masih belum ada rencana. Bagaimana dengan Anda?*
(I don't have any plan yet. What about you?)

A : *Kalau dapat, saya ingin pergi ke luar negeri untuk berlibur.*
(If possible, I want to go abroad for a holiday.)

B : *Saya sebenarnya ingin berlibur keluar negeri juga, kalau . . .*
(I want to go abroad for a holiday too, if . . .)

A : *Kalau apa?*
(If what?)

B : *Kalau saya naik* gaji.*
(If I get a pay rise.)

A : *Apakah Anda mengharapkannya?*
(Are you expecting it?)

B : *Ya. Saya akan merasa kecewa jika tidak naik gaji.*
(Yes. I 'll be disappointed if I don't get a pay rise.)

*Naik, 'increase'. *Naik* also means 'to ride a car', (*naik kereta*) or 'to go on'. *Naik Haji*, 'to go on the pilgrimage to Mecca'.

Bagaimana Dengan Perjalanan Anda?
(How Was Your Trip?)

ACHMAD : *Halo, Saudara Burhan, selamat datang.*
(Hallo, Mr. Burhan, welcome.)

BURHAN : *Selamat bertemu lagi.*
(Nice to see you again.)

ACHMAD : *Bagaimana dengan perjalanan Saudara?*
(How was your trip?)

BURHAN : *Sangat menarik* tetapi . . . .*
(Very interesting but . . . .)

ACHMAD : *Tetapi apa?*
(But what?)

BURHAN : *Banyak menghabiskan uang.*
(It cost me a fortune.)

ACHMAD : *Berapa banyak uang yang Saudara habiskan untuk perjalanan ini?*
(How much did you spend on the trip?)

BURHAN : *Pokoknya cukup banyak. Jangan tanya jumlahnya.*
(A lot. Don't ask about the sum.)

Men + tarik = menarik, 'interesting', 'attractive'. *Tarik* or *menarik*'s first meaning is 'to draw' or 'to pull'.

Jam Berapa Paman Berangkat Dari Rumah?
(When Did You Leave The House?)

DANI : *Paman, saya sudah jadi calon wartawan. Boleh saya berwawancara dengan Paman?*
(Uncle, I [have become] a cadet journalist. May I have an interview with you?)

PAMAN : *Baiklah, apa yang Dani ingin tahu?*
(What do you want to know?)

DANI : *Dengan apa Paman datang ke sini?*
(How do you come here?)

PAMAN : *Dengan bis.*
(By bus.)

DANI : *Jam berapa Paman berangkat dari rumah?*
(When did you leave the house?)

PAMAN : *Kira-kira jam tujuh pagi.*
(About seven o'clock in the morning.)

DANI : *Apa maksud Paman datang ke sini?*
(What is your aim of coming here?)

PAMAN : *Untuk bertemu dengan ayah dan ibumu.*
(To meet your father and mother.)

DANI : *Untuk urusan apa?*
(On what business?)

PAMAN : *Urusan keluarga.*
(Family matters.)

Calon means candidate literally.

9

FOOD AND RESTAURANTS

Tuan Mau Sarapan Apa?
(What Do You Want For Breakfast?)

BUDIMAN : *Tuan mau sarapan* apa hari ini?*
(What do you want for breakfast today, sir?)

JOHN : *Saya ingin makan nasi goreng.*
Pak Budiman bisa membuat nasi goreng?
(I would like to eat fried rice.
Can you prepare fried rice?)

BUDIMAN : *Bisa Tuan.*
(Yes, sir.)

JOHN : *Buatkan saya nasi goreng dengan dua telur*
mata sapi. Tapi jangan terlalu pedas.
(Prepare me fried rice with two fried eggs.
But don't make it too hot.)

BUDIMAN : *Sukakah Tuan minum telur setengah matang*
dengan madu?
(Do you like to drink half-boiled egg with
honey?)

JOHN : *Suka juga, tapi saya tidak berani terlalu*
banyak makan telur. Saya minta kopi dengan
susu saja.
(I like it but I dare not eat too many eggs.
Just make me a cup of coffee with milk.)

BUDIMAN : *Baik, Tuan.*
(O.K., sir.)

*Sarapan, 'to have breakfast'. *Makan pagi* also means
'breakfast'.

Apa Saja Bumbu Untuk Masakan Ini?
(What Are The Spices In This Food?)

JOHN : *Pak Budiman, apa saja bumbu untuk masakan ini?*
(Mr. Budiman, what are the spices in this food?)

BUDIMAN : *Garam, merica, bawang dan sedikit gula.*
(Salt, pepper, onion and a little sugar.)

JOHN : *Apa tidak pakai bawang putih?*
(Don't you use garlic?)

BUDIMAN : *Tidak usah*. Tanpa bawang putih pun sudah enak. Sekarang coba cicipi.*
(It's not necessary. Even without garlic it's [already] delicious. Please taste it.)

JOHN : *Sedikit kurang asin.*
(It needs a little salt.)

BUDIMAN : *Kalau begitu, tolong tambah garam sedikit lagi.*
Bagaimana rasanya sekarang?
(If so, please add a little more salt.
How is the taste now?)

JOHN : *Enak sekali. Masakannya tidak terlalu pedas.*
(Delicious. The food is not too hot.)

BUDIMAN : *Saya sendiri juga tidak suka makanan yang terlalu pedas.*
(Really, I myself don't like food which is too hot.)

Tidak usah, 'no need'. In Malay, *tak payah* is also used. Please note that *payah* also means 'tired' or 'difficult'.

Tuan Mau Masak Apa?
(What Do You Want To Cook?)

JOHN : *Pak Budiman, saya mau belajar masak.*
Besok kita praktekkan?
(Mr. Budiman, I want to learn cooking.
Shall we practice tomorrow?)

BUDIMAN : *Baik, Tuan. Nanti saya belikan bahan-*
bahannya di pasar. Tuan mau masak apa?
(Yes, sir. I'll buy the ingredients in the
market. What do you want to cook?)

JOHN : *Saya mau masak sayur asam, rendang,*
sambal terasi dan gudeg.
(I want to cook sour vegetables, spicy meat,
vegetables with shrimp-paste and a dish of
young jackfruit.)

BUDIMAN : *Kalau boleh saya sarankan, Tuan pilih satu*
dulu.
(May I suggest that you choose one dish
first?)

JOHN : *Saya pilih sambal terasi.*
(I'll choose spicy shrimp-paste.)

BUDIMAN : *Bahannya: cabe, bawang merah, garam, tomat,*
jeruk nipis dan terasi.
(The ingrediants will be: red chilli, red onion,
salt, tomato, lime and shrimp-paste.)

JOHN : *Bagaimana cara memasaknya?*
(How do you cook it?)

BUDIMAN : *Giling cabe sampai halus, masukkan*
bawang merah, tomat, garam dan terasi.
Setelah semuanya halus, goreng dengan
sedikit minyak. Akhirnya masukkan irisan
kulit jeruk nipis.
(Grind the red chilli until very fine, add the
red onion, tomato, salt and the shrimp-paste.
When all the ingredients have been ground
very fine, fry them with some oil. Lastly, put
in the slices of lime skin.)

JOHN : *Itu saja?*
(That's all?)

BUDIMAN : *Itu saja. Tidak sukar*, bukan?*
(Yes, that's all. It isn't difficult, is it?)

Sukar, 'difficult'. Its synonym is *sulit*, which in Malay
means 'secret' or 'confidential'.

Di Manakah Restoran?
(Where Is The Restaurant?)

ADAM : *Maaf, Pak.*
(Excuse me, sir.)

JOKO : *Ya, apa yang dapat saya tolong?*
(Yes, what can I do for you?)

ADAM : *Bolehkah saya numpang* tanya?*
(May I ask you something?)

JOKO : *Tentang apa, ya?*
(About what?)

ADAM : *Di manakah restoran yang terdekat di sini?*
(Where is the nearest restaurant from here?)

JOKO : *Oh, restoran. Anda naik di gedung ini, sampai tingkat enam.*
(Oh, a restaurant. You go up this building until sixth floor.)

ADAM : *Apakah di tingkat enam itu restoran semua?*
(Is the sixth floor all restaurants?)

JOKO : *Di sana ada beberapa restoran. Anda tinggal memilih.*
(There are a few restaurants there. You can choose.)

ADAM : *Terima kasih, Pak.*
(Thank you, sir.)

JOKO : *Sama-sama.*
(You are welcome.)

Numpang is the colloquial form of *menumpang* (*men* + *tumpang*). When it is followed by a verb, it means 'may I', 'let me . . .'. When used alone, it means (1) 'to ride in a vehicle' or (2) 'to stay with someone'.

Bapak Mau Pesan Apa?
(What Would You Like To Order?)

PELAYAN : *Selamat malam, Pak. Silakan masuk.*
(WAITER) (Good evening, sir. Please come in.)

JOHN : *Selamat malam. Terima kasih.*
(Good evening. Thank you.)

PELAYAN : *Silakan duduk*. Ini menu hari ini. Bapak*
(WAITER) *mau pesan apa?*
(Please sit down. Here is today's menu. What would you like to order?)

JOHN : *Saya pesan: sate ayam satu porsi, lontong dan gado-gado.*
(I wish to order: a plate of chicken sate, 'lontong' and vegetables salad with peanut sauce.)

PELAYAN : *Apa lagi, Pak?*
(WAITER) (Anything else, sir?)

JOHN : *Sudah, itu saja.*
(That's enough. That's all.)

PELAYAN : *Bapak mau minum apa?*
(WAITER) (What would you like to drink, sir?)

JOHN : *Kopi susu secangkir, jangan terlalu manis.*
(Give me a cup of coffee with milk, but not too sweet.)

PELAYAN : *Baik, Pak.*
(WAITER) (Yes, sir.)

Duduk, 'to sit down'. In colloquial language, it also means 'to stay or live'. Hence *penduduk*, 'inhabitants', 'population'.

Maukah Anda Makan Siang Bersama Saya?
(Would You Like To Have A Lunch With Me?)

ACHMAD : *Jam berapa sekarang, Hetty?*
(What is the time now, Hetty?)

HETTY : *Jam 1.00 [satu] siang, Pak.*
(It's 1.00 p.m., sir.)

ACHMAD : *Anda tidak pergi makan siang?*
(Aren't you going out for lunch?)

HETTY : *Tidak, Pak.*
(No, sir.)

ACHMAD : *Maukah Anda makan siang bersama saya?*
(Would you like to have a lunch with me?)

HETTY : *Terima kasih, Pak.*
(No, thank you.)

ACHMAD : *Saya mengajak* Anda sungguh-sungguh.*
(I am inviting you sincerely.)

HETTY : *Baik, Pak.*
(All right, sir.)

ACHMAD : *Tahukah Anda restoran yang terdekat di sini?*
(Do you know of any restaurant nearby?)

HETTY : *Di sini tidak ada, Pak. Kita harus naik taksi.*
(There's none here. We must take a cab.)

ACHMAD : *Baik, mari kita naik taksi ke sana.*
(All right, let's take a cab.)

*Ajak, 'to invite someone informally'. Formal invitation is *mengundang*. Please note that formal inviation in Malay is *menjemput*, which means 'to fetch someone' in Indonesian.

Makanan Apa Yang Enak Di Sini
(What's The Special Dish Here?)

A : *Inilah restoran tempat saya biasa makan siang.*
(This is the restaurant where I usually eat lunch.)

B : *Kelihatannya restoran ini baik sekali.*
Makanan apa yang enak di sini?
(It looks that this restaurant is very good.
What's the special dish here?)

A : *Di restoran ini selalu tersedia daging panggang
yang enak.*
(The restaurant always serves delicious roast meat.)

B : *Bagaimana harganya?*
(How about the price?)

A : *Harganya tidak terlalu mahal.*
(The price is not expensive.)

B : *Makanan apa yang selalu Anda pesan*?*
(What do you usually order?)

A : *Saya selalu memesan makanan yang spesial?*
(I usually order the special offer.)

B : *Makanan yang spesial?*
(Special offer?)

A : *Ya, makanan yang spesial. Makanan yang spesial
selalu lebih murah.*
(Yes, special offer [dishes]. Special offer [dishes] are
always cheaper.)

Pesan, 'to order'. *Pesan* also means 'message'.

Sudahkah Tuan Pesan Makanan?
(Have You Ordered Your Food Already?)

PELAYAN : *Sudahkah Tuan pesan makanan?*
(WAITER)   (Have you ordered your food already?)

MARTIN   : *Belum.*
(No, not yet.)

PELAYAN : *Tuan mau pesan apa?*
(WAITER)   (What would you like to order?)

MARTIN   : *Makanan apa yang enak di restoran ini?*
(Which dishes are particularly delicious in this restaurant?)

PELAYAN : *Sate, gado-gado dan capcai.*
(WAITER)   (Sate, 'gado-gado' and 'capcai'.)

MARTIN   : *Apakah gado-gado itu?*
(What is 'gado-gado'.)

PELAYAN : *Gado-gado adalah campuran sayuran dengan*
(WAITER)   *bumbu kacang.*
('Gado-gado' is a mixture of vegetables with a spicy peanut sauce.)

MARTIN   : *Baiklah, saya pesan satu porsi gado-gado dan*
satu porsi nasi goreng.
(Okay, I'll order one portion of 'gado-gado' and one portion of fried rice.)

103

Mana Daftar Makanan?
(Where's The Menu?)

HALIM : *Mana daftar makanan hari ini?*
(Where is today's menu?)

PELAYAN : *Ini daftar makanan hari ini, Pak.*
(WAITER) *Bapak ingin makan apa?*
(Here is today's menu, sir.
(What would you like to eat?)

HALIM : *Saya mau makan bistik hari ini.*
(I would like to eat beefsteak today.)

PELAYAN : *Bistik yang bagaimana yang bapak*
(WAITER) *inginkan?*
(How do you like your beefsteak?)

HALIM : *Saya mau dagingnya dimasak sampai*
matang.
(I would like the meat to be well done.)

PELAYAN : *Sayurannya apa?*
(WAITER) (What kind of vegetables would you like?)

HALIM : *Kentang goreng, kacang kapri dan buncis.*
(Fried potatoes, peas and green beans.)

PELAYAN : *Minumannya, Pak?*
(WAITER) (Your drink, sir?)

HALIM : *Beri saya secangkir kopi.*
(Give me a cup of coffee.)

Bapak Ingin Makan Kue?
(Would You Like To Eat Cake?)

PELAYAN : *Bapak ingin makan kue?*
(WAITER)　(Would you like to eat cake?)

HADI　　: *Kue apa yang ada hari ini?*
(What kind of cake do you have today?)

PELAYAN : *Macam-macam, Pak.*
(WAITER)　(All sorts [of cakes] sir.)

HADI　　: *Pisang goreng ada?*
(Do you have fried bananas?)

PELAYAN : *Ada, Pak.*
(WAITER)　(Yes, sir.)

HADI　　: *Beri saya secangkir kopi pahit dan pisang goreng.*
(Give me a cup of coffee without sugar and fried bananas.)

PELAYAN : *Baik, Pak. Tunggu sebentar.*
(WAITER)　*Silakan minum, Pak.*
(Yes, sir. Please wait a while.
Please enjoy your drink, sir.)

HADI　　: *Berapa semuanya?*
(How much is all this?)

PELAYAN : *Hanya 2.000 [dua ribu] rupiah. Terima*
(WAITER)　*kasih, Pak.*
(Only 2,000 rupiahs. Thank you, sir.)

Ada Jual Makanan Di Sini?
(Do You Sell Food Here?)

PELAYAN : *Bapak ingin pesan apa?*
(WAITER)   (What would you like to order, sir?)

DIDI : *Ada jual makanan di sini?*
(Do you sell food here?)

PELAYAN : *Ada, Pak. Ada nasi goreng dan nasi ayam.*
(WAITER)   (Yes, sir. [We have] fried rice and chicken rice.)

DIDI : *Kalau begitu, berikan saya nasi ayam.*
(In that case, please give me [a plate of] chicken rice.)

PELAYAN : *Baik, Pak.*
(WAITER)   (Yes sir.)

Sesudah makan:
(After eating):

DIDI : *Bung, Bung.*
(*Bung, Bung* [literary: brother, a friendly term of address for a waiter].)

PELAYAN : *Ya, Pak. Sudah selesai makan? Enak, Pak?*
(WAITER)   (Yes sir. Have you finished eating? Was it delicious?)

DIDI : *Makanan ini sedap sekali, tetapi agak pedas buat saya. Berapa semuanya?*
(The food was delicious but rather hot for me. How much is everything?)

PELAYAN : *1.500 [seribu lima ratus] rupiah saja.*
(WAITER)   (Just 1,500 rupiahs.)

Tuan Ingin Pesan Apa?
(What Would You Like To Order?)

PELAYAN : *Selamat pagi, Tuan.*
(WAITER) (Good morning, sir.)

JOHN   : *Selamat pagi.*
         (Good morning.)

PELAYAN : *Tuan ingin pesan apa untuk sarapan?*
(WAITER) (What would you like to order for
         breakfast?)

JOHN   : *Ada apa saja?*
         (What do you have?)

PELAYAN : *Sarapan kontinental atau nasi goreng dengan*
(WAITER) *telur goreng.*
         (Continental breakfast or fried rice with fried
         eggs.)

JOHN   : *Saya mau nasi goreng.*
         (I would like fried rice.)

PELAYAN : *Minumannya apa, teh atau kopi?*
(WAITER) (What do you want to drink, tea or coffee?)

JOHN   : *Kopi susu saja, tetapi jangan terlalu manis.*
         (Just coffee with milk, but not too sweet.)

PELAYAN : *Baik, Tuan.*
(WAITER) (Okay, sir.)

107

Apakah Saudara Suka Makanan Indonesia?
(Do You Like Indonesian Food?)

ADAM : *Apakah Saudara suka makanan Indonesia?*
(Do you like Indonesian food?)

BILL : *Suka sekali.*
(Very much.)

ADAM : *Makanan apa yang paling Saudara sukai?*
(What kind of food do you like best?)

BILL : *Ayam goreng.*
(Fried chicken.)

ADAM : *Bagaimana dengan ayam masak dengan santan?*
(What about chicken cooked in coconut milk?)

BILL : *Suka juga.*
(I like it too.)

ADAM : *Bagaimana pendapat Saudara tentang makanan Indonesia?*
(What do you think of Indonesian food?)

BILL : *Makanan Indonesia enak sekali tetapi agak pedas sedikit untuk saya.*
(Indonesian food is very delicious but a bit spicy for me.)

10

LEARNING INDONESIAN

Mengapa Saudara Mau Belajar Bahasa Indonesia? (Why Do You Want To Learn Indonesian?)

TONY : *Selamat pagi, Pak.*
(Good morning, sir.)

SALIH : *Selamat pagi. Saudara berasal dari mana?*
(Good morning. Where are you from?)

TONY : *Saya berasal dari Singapura.*
(I am from Singapore.)

SALIH : *Mengapa Saudara mau belajar bahasa Indonesia?*
(Why do you want to learn Indonesian?)

TONY : *Bahasa Indonesia penting untuk pekerjaan saya.*
(Indonesian is important for my job.)

SALIH : *Apa pekerjaan Saudara?*
(What is your occupation?)

TONY : *Saya seorang penerjemah.*
(I am a translator.)

SALIH : *Menurut* Saudara, Bahasa Indonesia sukarkah?*
(According to you, is Indonesian difficult?)

TONY : *Bahasa Indonesia tidak sukar.*
Tetapi saya mesti belajar banyak kosakata baru.
(Indonesian is not difficult.
But I have to learn many new words.)

**Men + turut = menurut*, 'according to'. The original meaning of *turut* or *menurut* is 'to follow'. In this sense, it is interchangeable with *meng + ikut = mengikut*.

110

Sudahkah Anda Pandai Berbahasa Indonesia?
(Are You Good At Speaking Indonesian Yet?)

PAK AHMAD : *Jane, sudahkah Anda pandai* berbahasa*
(MR. AHMAD)   *Indonesia?*
          (Jane, are you good at speaking
          Indonesian yet?)

JANE   : *Belum Pak.*
          (Not yet, sir.)

PAK AHMAD : *Apa yang saya pegang?*
(MR. AHMAD)   (What am I holding up?)

JANE   : *Itu telinga Bapak.*
          (That is your ear.)

PAK AHMAD : *Sebutkan bagian badan Anda.*
(MR. AHMAD)   (Can you name the parts of your body?)

JANE   : *Ini kepala saya. Ini tangan saya. Ini kaki*
          saya. Ini rambut saya.
          (This is my head. This is my hand. This
          is my foot. This is my hair.)

PAK AHMAD : *Anda sudah cukup pandai.*
(MR. AHMAD)   (You are already quite good.)

JANE   : *Terima kasih, Pak.*
          (Thank you, sir.)

*Pandai, 'clever' or 'good at something'. It is interchangeable
with *pintar* or *pinter* (colloquial).

111

Apakah Anda Ingin Belajar Bahasa Indonesia?
(Do You Wish To Learn Indonesian?)

AHMAD : *Apakah Anda ingin belajar bahasa Indonesia?*
(Do you wish to learn Indonesian?)

JANE : *Ya, saya ingin sekali belajar bahasa Indonesia.*
(Yes, I wish very much to learn Indonesian.)

AHMAD : *Coba eja nama Anda?*
(Please spell your name.)

JANE : *J, A, N, E.*
(J, A, N, E.)

AHMAD : *Apakah Anda orang Inggeris?*
(Are you English?)

JANE : *Ya, saya orang Inggeris. Dari mana Anda tahu?*
(Yes, I am English. How do you know?)

AHMAD : *Dari cara Anda mengeja nama Anda.*
(From the way you spell your name.)

JANE : *Bagaimana saya mengeja nama saya dalam bahasa Indonesia?*
(How do I spell my name in Indonesian?)

AHMAD : *JE, A, EN, E = JANE.*
(JE, A, EN, E = JANE.)

Bisakah Anda Menghitung?
(Can You Count?)

HAMID : *John, bisakah Anda menghitung dalam bahasa Indonesia?*
(John, can you count in Indonesian?)

JOHN : *Belum. Saya baru bisa menghitung sampai sepuluh saja.*
(Not yet. I can only count from one to ten.)

HAMID : *Dua kali dua [2 × 2] ada berapa?*
(How much is two times two?)

JOHN : *Dua kali dua adalah empat.*
(Two times two is four.)

HAMID : *Bagus. Sekarang dua ditambah* dua [2 + 2] ada berapa?*
(Good. Now, how much is two plus two?)

JOHN : *Dua ditambah dua [2 + 2] ada empat.*
(Two plus two is four.)

HAMID : *Bagus. Anda sudah pintar.*
(Good. You are quite good.)

JOHN : *Terima kasih.*
(Thank you.)

*Please note that commands are often given in the passive voice with *di-*. *Di* + *tambah* = *ditambah*, 'be added to'. *Men* + *tambah* = *menambah* or just *tambah,* 'to add', can also be used.

Sudah Lamakah Anda Belajar Bahasa Indonesia?
(Have You Been Studying Indonesian Long?)

TALIB : *Tuan Smith, sudah lamakah Anda belajar bahasa Indonesia?*
(Mr. Smith, have you been studying Indonesian long?)

TUAN SMITH : *Sudah tiga bulan.*
(MR. SMITH) (For three months now.)

TALIB : *Sudahkah Anda belajar menghitung?*
(Have you learnt to count?)

TUAN SMITH : *Sudah, Pak. Saya sudah bisa menghitung*
(MR. SMITH) *dari satu sampai seratus.*
(Yes, sir. I can already count from one to one hundred.)

TALIB : *Berapakah 3 x 32 [tiga kali tiga puluh dua]?*
(How much is three times thirty-two?)

TUAN SMITH : *Tiga kali tiga puluh dua sama dengan*
(MR. SMITH) *sembilan puluh enam.*
(Three times thirty-two is ninety-six.)

TALIB : *Bagus. Anda pintar sekali.*
(Good, you are quite clever.)

Apakah Anda Sudah Belajar Menambah Dan Mengurangi?
(Have You Learnt Addition And Substraction?)

HAMID : *John, apakah Anda sudah belajar menambah dan mengurangi?*
(John, have you learnt addition and substraction?)

JOHN : *Sudah. Tetapi saya masih ragu-ragu.*
(Yes. But I am still hesitant.)

HAMID : *Berapakah 2 – 2 [dua dikurangi* dua]?*
(How much is two take away two?

JOHN : *Dua dikurangi dua sama dengan nol.*
(Two take away two is zero.)

HAMID : *Bagus. Kalau 2 – 0 [dua dikurangi nol]?*
(Good. How much is two take away zero?)

JOHN : *Dua dikurangi nol sama dengan dua.*
(Two take away zero is two.)

HAMID : *Bagus. Anda sudah pintar sekarang.*
(Good. You are very clever now.)

JOHN : *Terima kasih.*
(Thank you.)

Di + kurang + i = dikurangi, 'be subtracted'. *Mengurangi* or *kurang*, 'to substract', can also be used.

Lakukan Apa Yang Saya Katakan
(Do What I Ask You To Do)

ABDULLAH : *Apakah Anda sudah mengerti* bahasa*
Indonesia?
(Can you understand Indonesian already?)

JANE : *Sudah sedikit, Pak.*
(A little, sir.)

ABDULLAH : *Dengar baik-baik, dan lakukan apa yang*
saya katakan. Jalan ke pintu itu, jangan
berlari.
(Now, listen carefully what I ask you to do.
Walk to the door, don't run.)

JANE : *Sudah, Pak?*
(Is that it, sir?)

ABDULLAH : *Belum. Buka pintu itu dan kemudian*
kembali. Sekarang, duduk di depan saya.
(Not yet. Open the door and come back.
Now, sit in front of me.)

JANE : *Sudah, Pak?*
(Is that it, sir?

ABDULLAH : *Anda sudah mengerti bahasa Indonesia.*
Anda boleh keluar sekarang. Jangan lupa
tutup pintunya.
(Yes. You can understand Indonesian
already. You can go out now. Don't forget
to shut the door.)

Erti, mengerti, 'to understand'. It's sometimes used as a
synonym of *paham*.

116

11

GOING TO INDONESIA

Saya Ingin Mendapat Surat Bebas Cukai
(I Wish To Get A Tax Exemption Certificate)

CHUA : *Selamat siang, Pak. Saya mahasiswa*
Universitas Indonesia, Jakarta.
(Good morning, sir. I am a student of the
University of Indonesia, Jakarta.)

SOEMARSONO : *Apakah yang dapat saya bantu?*
(What can I do for you?)

CHUA : *Saya ingin mendapat Surat Bebas Cukai.*
(I wish to get a Tax Exemption
Certificate.)

SOEMARSONO : *Surat Bebas Cukai untuk apa?*
(What do you want the Tax Exemption
Certificate for?)

CHUA : *Saya mau bawa sebuah pesawat radio ke*
Indonesia.
(I want to bring a radio in to Indonesia.)

SOEMARSONO : *Oh, mau bawa radio. Bukankah radio*
lebih murah di Indonesia daripada di
Singapura?
(Bring a radio in to Indonesia? Aren't
radios cheaper in Indonesia than in
Singapore?

CHUA : *Radio itu hadiah dari Om* saya.*
(The radio is a gift from my uncle.)

SOEMARSONO : *Kalau begitu, tunggu sebentar.*
Saya akan siapkan surat itu.
(If that is so, wait for a moment then.
I will get the letter ready.)

118

CHUA : *Terima kasih, Pak.*
(Thank you, sir.)

Om, 'uncle'. It is a term used to address a respected man of foreign descent. *Tante*, 'aunt' is its female equivalent.

Berapakah Harga Tiket Ke Jakarta?
(How Much Is The Air Fare To Jakarta?)

AHMAD : *Pak Budi, berapakah harga tiket* ke Jakarta?*
(Mr. Budi, how much is the air fare to Jakarta?)

BUDI : *Tiket apa?*
(By which airline?)

AHMAD : *Tiket Garuda?*
(Garuda.)

BUDI : *Anda mau jalan-jalan ke Jakarta?*
(Are you going sightseeing in Jakarta?)

AHMAD : *Bukan saya, tetapi adik saya.*
(Not me, but my younger brother is.)

BUDI : *Mau apa dia ke Jakarta?*
(Why is he going to Jakarta?)

AHMAD : *Dia ditempatkan di Kedutaan Singapura di Jakarta.*
(He has been given a job at the Singapore Embassy in Jakarta.)

BUDI : *Oh, begitu. Harga tiket Garuda lebih kurang S$350,00 [tiga ratus lima puluh dollar].*
(So, that's why. The Garuda ticket costs about S$350.00.)

AHMAD : *Terima kasih.*
(Thank you.)

Please note that for airlines, *tiket* (ticket) is often used instead of *karcis*.

Kapan Anda Akan Ke Jakarta?
(When Are You Leaving For Jakarta?)

ABDUL : *Selamat siang, Pak Rasyid. Apa kabar?*
(Good day, Mr. Rasyid. How are you?)

RASYID : *Baik, terima kasih. Dan Anda?*
(Fine, thank you. And you?)

ABDUL : *Baik, terima kasih. Bapak mau ke mana?*
(Fine, thank you. Where are you going?)

RASYID : *Saya mau ke biro perjalanan*.*
(I am going to a travel bureau.)

ABDUL : *Biro perjalanan? Anda mau ke mana?*
(Travel bureau? Where are you going?)

RASYID : *Saya mau berangkat ke Jakarta.*
(I want to go to Jakarta.)

ABDUL : *Kapan Anda akan ke Jakarta?*
(When are you leaving [for Jakarta]?)

RASYID : *Besok pagi.*
(Tomorrow morning.)

ABDUL : *Selamat jalan.*
(Bon voyage.)

RASYID : *Terima kasih.*
(Thank you.)

Per + jalan + an = perjalanan, 'travel', 'tour'. It is often used as synonym of *pelancongan, pariwisata* or *wisata*. A tourist is either *pelancong* or *wisatawan*.

Jam Berapa Pesawat Terakhir Berangkat?
(What Time Will The Last Plane Depart?)

PEGAWAI KANTOR GARUDA (GARUDA OFFICER)	: *Halo! Selamat pagi,* *Garuda Indonesia.* (Hallo!Good morning, this is Garuda Indonesia.)
SUDJONO	: *Selamat pagi. Boleh saya* *bicara dengan Pak* *Budiman?* (Good morning. May I speak to Mr. Budiman?)
PEGAWAI KANTOR GARUDA (GARUDA OFFICER)	: *Maaf, saya bicara* *dengan siapa?* (Excuse me, whom am I speaking to?)
SUDJONO	: *Saya Sudjono.* (I am Sudjono.)
PEGAWAI KANTOR GARUDA (GARUDA OFFICER)	: *Dapat saya bantu* *Tuan?* (Can I help you?)
SUDJONO	: *Jam berapakah pesawat* *terakhir berangkat dari* *Singapura?* (What time will the last plane depart from Singapore?)
PEGAWAI KANTOR GARUDA (GARUDA OFFICER)	: *Jam 1800* [delapan belas].* (At 1800 hours.)
SUDJONO	: *Terima kasih.* (Thank you.)

PEGAWAI KANTOR GARUDA : *Kembali.*
(GARUDA OFFICER)　　　　　(You are welcome.)

Jam 1800 = jam enam sore (6.00 p.m.)

Apakah Saya Perlu Minta Visa?
(Do I Need To Get A Visa?)

LEO : *Pak Abdullah, saya mau jalan-jalan ke Bali. Apakah saya perlu meminta visa di Kedutaan Republik Indonesia di Singapura?*
(Mr. Abdullah, I am going for a trip to Bali. Do I need to get a visa from Indonesian Embassy in Singapore?)

PAK ABDULLAH : *Apakah Bapak sudah punya paspor?*
(Do you already have a passport?)

LEO : *Saya sudah punya paspor.*
(I already have a passport.)

PAK ABDULLAH : *Kalau Bapak sudah punya paspor, Bapak bisa berangkat ke Indonesia kapan saja.*
(Well, if you have a passport, you can go to Indonesia anytime.)

LEO : *Tidak perlu visa?*
(Don't I need to get a visa?)

PAK ABDULLAH : *Tidak perlu. Warganegara ASEAN bisa masuk ke Indonesia tanpa visa.*
(No, no need. ASEAN citizens can visit Indonesia without a visa.)

LEO : *Berapa lama saya bisa tinggal* di Indonesia?*
(How long can I stay in Indonesia?)

PAK ABDULLAH : *Kalau saya tidak salah, kira-kira tiga bulan.*

(If I am not mistaken, about three
months.)

LEO : *Kalau saya mau tinggal lebih lama,
bagaimana?*
(And if I wish to stay longer than three
months?)

PAK ABDULLAH : *Kalau Bapak mau tinggal lebih dari
tiga bulan, Bapak perlu meminta visa.
Tanyalah ke bagian imigrasi di
Kedutaan Besar Republik Indonesia.*
(In that case, you'll need a visa. Just go
and inquire at the imigration section of
the Indonesian Embassy.)

Tinggal, 'to stay/live'. In colloquial speech, *diam* is also
used. *Kediaman* is 'residence'. Please note that the usual
meaning of *diam* is 'silent'.

Untuk Apa Bapak Pergi Ke Indonesia
(What Are You Going To Indonesia For?)

LEO : *Saya dengar Bapak akan ke Indonesia.*
Kapan Bapak berangkat?
(I hear you are going to Indonesia.
When are you leaving?)

AHMAD : *Jum'at depan.*
(Next Friday.)

LEO : *Untuk apa Bapak pergi ke Indonesia?*
(What are you going there for?)

AHMAD : *Saya akan tinjau keadaan perusahaan di*
Indonesia.
(To make a survey on the industrial situation in
Indonesia.)

LEO : *Tempat-tempat mana saja yang akan Bapak*
kunjungi di Indonesia?
(What are the places that you will visit?)

AHMAD : *Saya akan ke Jakarta dulu, kemudian ke*
Bandung dan Surabaya.
(I'll go to Jakarta first, and then to Bandung
and Surabaya.)

LEO : *Apakah Bapak tidak akan berkunjung* ke*
Sumatra?
(Aren't you going to visit Sumatra?)

AHMAD : *Saya akan ke Sumatra juga, kalau masih ada*
waktu.
(I'll go to Sumatra too, if there is still time.)

LEO : *Sudahkah Bapak memesan tiket pesawat*

126

terbang?
(Have you already booked your ticket?)

AHMAD : *Sudah. Seminggu yang lalu saya sudah memesan tiket.*
(Yes. I booked my ticket last week.)

LEO : *Selamat jalan.*
(Have a good journey.)

Ber + kunjung = berkunjung, 'to visit'; *dikunjungi,* 'to be visited'. *Kunjungan,* 'visit'.

Di Mana Bagasi Tuan?
(Where Is Your Luggage?)

A : *Maaf. Adakah orang yang dapat mengangkat bagasi saya ini?*
(Excuse me. Is there anyone who can carry my luggage?)

B : *Ya. Saya dapat membantu. Di mana bagasi Tuan?*
(Yes. I can help you. Where's your luggage?)

A : *Hanya koper besar ini.*
(Just this big suitcase.)

B : *Koper ini terlalu berat. Saya tidak bisa mengangkatnya.*
(This suitcase is too heavy. I can't carry it.)

A : *Kenapa tidak menggunakan roda dorong?*
(Why don't you use a trolley?)

B : *Oh ya, saya lupa. Tunggu sebentar, saya cari roda dorongnya.*
(Oh yes, I forget. Wait for a moment. I'll find for a trolley.)

A : *Baik, saya tunggu Bung* di sini.*
(Okay, I'll wait for you here.)

---

*Bung, 'Comrade', 'you'. It is a term once widely used to address waiters, drivers or salesmen. President Soekarno was often referred to as Bung Karno but President Soeharto is always Pak Harto.

Bolehkah Saya Melihat Paspor Tuan?
(May I See Your Passport?)

PEGAWAI   : *Bolehkah saya melihat paspor Tuan?*
(OFFICER)   (May I see your passport sir?)

BILL   : *Ya. Ini paspor saya.*
             (Yes. Here it is.)

PEGAWAI   : *Apa maksud kunjungan Tuan ke Jakarta?*
(OFFICER)   (What is the purpose of your visit to
             Jakarta?)

BILL   : *Saya ikut rombongan 'Indonesia Indah'.*
             (I am with the 'Beautiful Indonesia' tour.)

PEGAWAI   : *Berapa hari Tuan akan tinggal di*
(OFFICER)   *Indonesia?*
             (How long do you intend to stay in
             Indonesia?)

BILL   : *Kira-kira* seminggu.*
             (About one week.)

PEGAWAI   : *Tuan akan tinggal di mana?*
(OFFICER)   (Where are you going to stay?)

BILL   : *Saya akan tinggal di Hotel Indonesia.*
             (I am going to stay at the Hotel Indonesia.)

PEGAWAI   : *Terima kasih. Ini paspor Tuan.*
(OFFICER)   (Thank you. Here is your passport.)

BILL   : *Terima kasih.*
             (Thank you.)

---

*Kira-kira, 'approximately', 'about'. Please note that *kira* also means 'to guess', 'think'.

129

Yang Mana Kopor Tuan?
(Which Are Your Suitcases?)

PEGAWAI : *Yang mana kopor Tuan?*
(OFFICER) (Which are your suitcases sir?)

BILL : *Yang ini kopor saya.*
(These are my suitcases.)

PEGAWAI : *Apa isi kopor ini?*
(OFFICER) (What is inside your suitacases?)

BILL : *Kopor ini berisi pakaian saya sendiri.*
(These suitcases contain my personal clothing.)

PEGAWAI : *Maaf, silakan buka kopor ini.*
(OFFICER) (Please open your suitcases.)

BILL : *Baik, Pak.*
(Yes, sir.)

PEGAWAI : *Apa Tuan membawa barang-barang yang*
(OFFICER) *kena pajak pabean?*
(Do you have anything dutiable?)

BILL : *Tidak ada, Pak.*
(No, I don't have.)

PEGAWAI : *Apa Tuan membawa kamera atau oleh-*
(OFFICER) *oleh*?*
(Do you have a camera or presents with you?)

BILL : *Saya tidak bawa kamera, tetapi ada oleh-oleh untuk teman.*
(I don't have a camera, but I have a few presents for friends.)

PEGAWAI : *Terima kasih. Tuan boleh tutup kembali*
(OFFICER) *kopor Tuan ini.*
        (Thank you. You can close your suitcases
        now.)

Oleh-oleh, 'small present', 'souvenir'. For 'gift', *hadiah* is
often used.

Apa Maksud Kunjungan Bapak?
(What Is Your Purpose In Visiting?)

AHMAD : *Selamat siang, Pak.*
(Good day, sir.)

PETUGAS : *Selamat siang. Maaf, mana paspor dan*
(OFFICER) *tiket Bapak?*
(Good day. Where is your passport and
ticket?)

AHMAD : *Ini paspor saya dan ini tiketnya.*
(This is my passport and this is the ticket.)

PETUGAS : *Apa maksud kunjungan Bapak ke Indonesia?*
(OFFICER) (What is your purpose in visiting Indonesia?)

AHMAD : *Saya akan membuka paberik di Indonesia.*
(I intend to open a factory in Indonesia.)

PETUGAS : *Berapa lama Bapak mau tinggal di*
(OFFICER) *Indonesia?*
(How long do you intend to stay in
Indonesia?)

AHMAD : *Kira-kira sebulan.*
(About one month.)

PETUGAS : *Bapak tidak ingin tinggal lebih lama di*
(OFFICER) *Indonesia?*
(Don't you wish to stay longer in Indonesia?)

AHMAD : *Saya ingin tinggal lebih lama di Indonesia,*
kalau saya dapat izin tinggal.
(I would like to stay longer in Indonesia, if I
get permission to stay.)

PETUGAS : *Oh, begitu. Selamat datang ke Indonesia,*

(OFFICER)   *semoga bapak senang di negeri kami.*
             (Is that so? Welcome to Indonesia, I hope
             you'll enjoy your stay in our country.)

AHMAD   :   *Terima kasih.*
             (Thank you.)

Apakah Tuan Bawa Barang-Barang
Yang Harus Dilaporkan?
(Do You Have Anything To Declare?)

PEGAWAI : *Apakah Tuan bawa barang-barang yang*
(OFFICER) *harus dilaporkan?*
(Do you have anything to declare?)

JOHN : *Saya tidak tahu barang apa yang harus di*
laporkan.
(I don't know what I must declare?)

PEGAWAI : *Apakah Tuan bawa cerutu, rokok, tembakau*
(OFFICER) *atau minuman keras?*
(Have you any cigars, cigarettes, tobacco or
alcoholic drinks?)

JOHN : *Tidak. Saya tidak ada bawa cerutu, rokok,*
tembakau atau minuman keras.
(No. I don't have any cigars, cigarettes,
tobacco or alcohol.)

PEGAWAI : *Baik. Barang-barang ini, kalau lebih dari*
(OFFICER) *jumlah yang ditentukan mesti bayar pajak*
pabean. Adakah tuan bawa alat pemotret,*
mesin tik dan lain-lain barang lainnya yang
masih baru?
(All right. These articles are dutiable, if you
bring in more than the duty free allowance.
Do you have a camera, typewriter or brand
new articles?)

JOHN : *Saya ada bawa sebuah mesin tik baru.*
(I do have a new typewriter.)

PEGAWAI : *Tuan mesti membayar pajak pabean untuk*
(OFFICER) *mesin tik itu.*

134

(You must pay excise duty on the new typewriter.)

JOHN : *Tetapi mesin tik ini untuk dipakai sendiri.*
(But the typewriter is for my personel use.)

PEGAWAI : *Kalau begitu, Tuan tidak perlu membayar*
(OFFICER) *pajak pabean, tetapi Tuan mesti membawa*
mesin tik itu lagi apabila meninggalkan
Indonesia.
(In that case you needn't pay excise duties, but you must take it with you when you leave Indonesia.)

JOHN : *Baik, terima kasih, Pak.*
(Thank you, sir.)

Alat pemotret, 'camera'. *Kamera* and *tustel* are often used as synonyms.

Bapak Mau Ke Jakarta Sekarang?
(Do You Want To Go To Jakarta Now?)

ADAM : *Selamat sore, Pak.*
(Good evening, sir.)

PEGAWAI : *Selamat sore. Mana paspornya, Pak.*
(OFFICER) (Good evening. Where is your passport, sir?)

ADAM : *Ini paspor saya dan ini karcisnya.*
(This is my passport and this is my ticket.)

PEGAWAI : *Paspor saja. Karcis Bapak simpan.*
(OFFICER) *Oh, Bapak mau ke Jakarta sekarang?*
(Just your passport. You keep your ticket.
Oh, you are going to Jakarta?)

ADAM : *Benar, saya mau ke Jakarta sekarang.*
(Yes, I am going to Jakarta.)

PEGAWAI : *Sendiri saja, Pak.*
(OFFICER) (Alone, sir?)

ADAM : *Ya, sendiri saja.*
(Yes, alone.)

PEGAWAI : *Apakah baru kali ini ke Jakarta?*
(OFFICER) (Is this your first trip to Jakarta?)

ADAM : *Ya, ini baru pertama kali saya ke Jakarta.*
(Yes, this is my first time to Jakarta.)

PEGAWAI : *Silakan masuk Pintu Nomor 6 [enam]. Ini*
(OFFICER) *paspor Bapak.*
(Please enter through Gate 6. Here is your
passport.)

ADAM : *Terima kasih.*
(Thank you.)

Bapak Butuh Kuli?
(Do You Need A Porter?)

KARYAWAN : *Bapak butuh kuli?*
(EMPLOYEE) (Do you need a porter?)

AHMAD : *Ya. Di mana saya bisa mencari kuli?*
(Yes. Where I can get a porter?)

KARYAWAN : *Saya bisa bantu Bapak. Di mana bagasi*
(EMPLOYEE) *Bapak?*
(I can help you. Where is your luggage?)

AHMAD : *Ini dia, satu kopor dan satu tas.*
(This is it: one bag and one brief case.)

KARYAWAN : *Baik, Pak.*
(EMPLOYEE) (All right, sir.)

AHMAD : *Bung, hati-hati. Di dalam tas itu ada*
barang yang mudah pecah.
(Hey, please be careful.
There are fragile articles in the brief case.)

KARYAWAN : *Jangan kuatir, Pak. Bapak mau ke mana?*
(EMPLOYEE) (Don't worry, sir. Where are you going
sir?)

AHMAD : *Saya mau ke Hotel Indonesia.*
(To the the Hotel Indonesia.)

KARYAWAN : *Bapak bisa tunggu taksi di sini.*
(EMPLOYEE) (You can wait for a taxi here.)

AHMAD : *Ini buat Bung, seribu rupiah.*
(This is for you, one thousand rupiah.)

KARYAWAN : *Terima kasih, Pak.*
(EMPLOYEE) (Thank you, sir.)

137

Berapa Ongkosnya Dari Sini?
(What Is The Fare From Here?)

SOPIR TAKSI (TAXI DRIVER)	: *Bapak mau ke mana?* (Where are you going?)
AHMAD	: *Ke Hotel Indonesia. Berapa ongkosnya* *dari sini ke hotel?* (To the Hotel Indonesia. What is the fare from here to the hotel?)
SOPIR TAKSI (TAXI DRIVER)	: *Lima ribu rupiah, Pak.* (Five thousand rupiahs.)
AHMAD	: *Bung tidak pakai argometer?* (Aren't you using the meter?)
SOPIR TAKSI (TAXI DRIVER)	: *Tidak. Taksi pelabuhan udara biasanya* *tidak pakai argometer.* (No. Airport taxis normally do not use meter.)
AHMAD	: *Kenapa?* (Why?)
SOPIR TAKSI (TAXI DRIVER)	: *Maklumlah, Pak. Kami tunggu lama* *baru dapat penumpang. Dari hotel* *kembali belum tentu ada penumpang* *lagi.* (You know how it is, sir. We wait for a long time before getting a passenger. Coming back from the hotel, we may not get any passengers at all.)
AHMAD	: *Berapa lama kita akan sampai di hotel?* (How long will it take to reach the hotel?)

SOPIR TAKSI   : *Kira-kira satu jam, kalau jalan tidak*
(TAXI DRIVER)   *macet.*
                (About one hour, if there are no traffic
                jams.)

Apa Boleh Saya Menginap Di Rumah Saudara?
(May I Stay With You At Your House?)

A : *Saudara tinggal di mana di Indonesia?*
(Where do you live in Indonesia?)

B : *Malang.*
(Malang.)

A : *Apakah Bali jauh dari tempat tinggal Saudara?*
(Is Bali far from the place where you live?)

B : *Tidak, dekat sekali.*
(No, very near.)

A : *Kalau saya ke Indonesia, apa boleh saya menginap di rumah Saudara?*
(If I visit Indonesia, may I stay with you at your house?)

B : *Kenapa tidak?*
(Why not?)

A : *Saya takut mengganggu Saudara.*
(I am afraid to disturb you.)

B : *Oh, tidak, adik-adik saya akan senang sekali berkenalan dengan Saudara.*
(Oh no, my younger brothers will be happy to know you.)

12

ACCOMMODATION

Hotel Mana Yang Paling Baik?
(Which Is The Best Hotel?)

A : *Hotel mana yang paling baik di kota ini?*
   (Which is the best hotel in this town?)

B : *Hotel Hilton, saya kira.*
   (The Hilton Hotel, I think.)

A : *Apakah jauh dari sini?*
   (Is it far from here?)

B : *Tidak berapa jauh, kira-kira sepuluh menit dari sini.*
   (It's not very far, about ten minutes from here.)

A : *Di mana Anda tinggal?*
   (Where are you staying?)

B : *Saya tinggal di hotel kecil.*
   (I am staying at a small hotel.)

A : *Apa nama hotel Anda itu?*
   (What's the name of the hotel?)

B : *Hotel Garuda.*
   (The Garuda Hotel.)

Saya Sedang Mencari Hotel Indonesia
(I Am Looking For The Hotel Indonesia)

ADAM : *Maafkan, Pak. Saya sedang mencari Hotel Indonesia.*
(Excuse me, sir. I am looking for the Hotel Indonesia.)

SUPOMO : *Hotel Indonesia? Saudara tahu di mana Jalan Thamrin?*
(The Hotel Indonesia? Do you know where Jalan Thamrin is?)

ADAM : *Tidak, saya tidak tahu.*
(No, I don't.)

SUPOMO : *Kalau Saudara jalan terus dari sini, Saudara akan sampai di Jalan Thamrin. Sesampai di Jalan Thamrin, belok kiri dan terus jalan sampai di ujung jalan. Saudara akan sampai di suatu bundaran. Hotel Indonesia ada di sebelah kanan bundaran itu.*
(If you go straight from here, you'll reach Jalan Thamrin. When you reach Jalan Thamrin, you turn left till you reach the end of the road. You'll come to a circle. The Hotel Indonesia is on the right side of the circle.)

ADAM : *Apakah masih jauh dari sini?*
(Is it far from here?)

SUPOMO : *Saudara punya kendaraan?*
(Do you have transport?)

ADAM : *Tidak. Saya tidak punya kendaraan.*
(No, I don't.)

143

SUPOMO : *Kalau jalan kaki agak jauh juga. Sebaiknya Saudara naik taksi saja.*
(It is rather far to walk. It's better for you to take a cab.)

ADAM : *Terima kasih.*
(Thank you.)

SUPOMO : *Sama-sama.*
(You are welcome.)

Apa Masih Ada Kamar Kosong?
(Do You Still Have A Vacant Room?)

PENERIMA TAMU (RECEPTIONIST)	:	*Selamat sore, Tuan.* (Good evening, sir.)
JOHN	:	*Selamat sore, Nona. Apa masih ada kamar kosong?* (Good evening, Miss. Do you still have a vacant room?)
PENERIMA TAMU (RECEPTIONIST)	:	*Ada, Tuan.* (Yes, sir.)
JOHN	:	*Berapa tarifnya satu malam?* (What is the rate for one night?)
PENERIMA TAMU (RECEPTIONIST)	:	*10.000 [sepuluh ribu] rupiah satu malam. Tuan mau tinggal berapa malam di sini?* (10,000 rupiahs per night. How many nights are you going to stay here?)
JOHN	:	*Lima malam. Apa kamar mandinya tersendiri?* (Five nights. Does the room have a private bath?)
PENERIMA TAMU (RECEPTIONIST)	:	*Ya, tentu.* (Yes, sure.)
JOHN	:	*Ada air panas?* (Is there hot water?)
PENERIMA TAMU (RECEPTIONIST)	:	*Ada, Tuan. Ini kuncinya. Kamar nomor 7 [tujuh].* (Yes sir. This is your key. Room no. 7.)

Apa Bapak Sudah Memesan Kamar?
(Have You Made The Reservation?)

PEGAWAI HOTEL : *Selamat datang, Pak.*
(HOTEL STAFF)   (Welcome, sir.)

AHMAD   : *Terima kasih. Apa masih ada kamar kosong di sini?*
(Thank you. Do you still have a vacant room?)

PEGAWAI HOTEL : *Apa Bapak sudah memesan kamar?*
(HOTEL STAFF)   (Have you made a reservation already?)

AHMAD   : *Belum.*
(No.)

PEGAWAI HOTEL : *Tunggu sebentar. Kami ada kamar*
(HOTEL STAFF)   *kosong, tetapi kamar itu masih belum dibersihkan. Tamunya baru saja meninggalkan kamar itu.*
(Wait a moment. We have a vacant room, but the room has not been cleaned yet. The previous guest has just vacated it.)

AHMAD   : *Tidak apa, biarlah saya tunggu. Kapan kamar itu akan siap?*
(It's all right, I'll wait. When will the room be ready?)

PEGAWAI HOTEL : *Tidak lama, kira-kira setengah jam.*
(HOTEL STAFF)   *Berapa malam Bapak akan menginap* [*] *di sini?*
(Not long, about half an hour. How many night are you going to stay

146

here?)

AHMAD : *Kira-kira seminggu.*
(About a week.)

PEGAWAI HOTEL : *Silakan Bapak menulis nama, alamat*
(HOTEL STAFF) *dan nomor paspor dalam buku tamu.*
Oh, kamar Bapak sudah siap. Bung,
antarkan Bapak ini ke kamar nomor
365 [tiga ratus enam puluh lima].
(Please write your name, address and
your passport number in the visitor's
book. Oh, your room is ready.
Porter, please show this gentlemant to
room 365.)

Meng + inap = menginap, 'to stay for the night'. *Tinggal*
can be used as synonym here.

Bagaimana Pelayanan Hotel Itu?
(How Is The Service of The Hotel?)

A : *Bagaimana pelayanan* hotel itu?
(How is the service of the hotel?)

B : *Lumayan.*
([The service is] quiet good.)

A : *Bagaimana makanannya?*
(How is the food?)

B : *Makanannya cukup enak.*
(The food is quite delicious.)

A : *Besarkah hotel itu?*
(Is the hotel big?)

B : *Cukup besar.*
(Quite big.)

A : *Ada telpon di kamar?*
(Is there a telephone in the room?)

B : *Ada.*
(Yes, there is.)

Pe + layan + an = pelayanan, 'service'. *Servis*, from service, is also widely used.

148

Apakah Rumah Ini Yang Akan Bapak Sewakan?
(Is This The House That You Are Going
To Rent Out?)

JOHN : *Selamat siang, Pak. Bolehkah saya bertemu*
dengan Pak Hamid?
(Good day, sir. May I see Mr. Hamid?)

HAMID : *Saya sendiri. Apa yang dapat saya bantu?*
(I am Hamid. What can I do for you?)

JOHN : *Saya John. Saya dengar Bapak mempunyai*
rumah yang mau disewakan?
(I am John. I heard that you have a house to
rent.)

HAMID : *Benar, Tuan.*
(Yes, sir.)

JOHN : *Apakah rumah ini yang akan Bapak sewakan?*
(Is this the house that you are going to rent
out?)

HAMID : *Ya, ini rumahnya. Mari silakan masuk.*
(Yes, this is the house. Please come in.)

JOHN : *Ada berapa kamar rumah ini?*
(How many rooms are there in this house?)

HAMID : *Rumah ini ada tiga kamar tidur, tiga kamar*
mandi dan satu kamar pembantu.
(This house has three bedrooms, three
bathrooms and a servant's room.)

JOHN : *Ada ruang makan dan ruang duduk?*
(Do you have dining room and sitting room?)

HAMID : *Tentu ada. Rumah ini ada satu ruang duduk,*

149

satu ruang makan, dan dapur.
(Yes, there is a dining room, sitting room and kitchen.)

JOHN : *Apakah rumah ini memiliki* garasi?*
(Does this house have a garage?)

HAMID : *Rumah ini ada sebuah garasi dan satu pekarangan kecil.*
(Yes, there is a garage and a small garden at the back.)

JOHN : *Terima kasih, Pak Hamid. Saya mau berunding dengan isteri saya dulu, nanti saya datang lagi.*
(Thank you, Mr. Hamid. I want to discuss it with my wife first. I'll come back later.)

**Me + milik + i = memiliki*, 'to possess'. *Punya* or *miliki* can be used as a synonym.

Berapakah Sewanya Rumah Ini?
(How Much Is The Rent Of This House?)

JOHN : *Selamat siang, Pak Hamid.*
(Good day, Mr. Hamid.)

HAMID : *Selamat siang, Tuan John.*
(Good day, Mr. John.)

JOHN : *Pak Hamid, berapakah sewanya rumah ini?*
(Mr. Hamid, how much is the rent of this house?)

HAMID : *Sewanya tidak mahal. Hanya 1.000.000 [sejuta] rupiah sebulan.*
(The rent is not expensive. Only 1,000,000 rupiahs a month.)

JOHN : *1.000.000 [sejuta] rupiah sebulan, kok mahal sekali?*
(1,000,000 rupiahs a month? Why so expensive?)

HAMID : *Maaf, Tuan. Tapi ini rumah yang bagus. Daerah ini aman dan tenang.*
(Excuse me, sir. But this is a good house. This area is safe and calm.)

JOHN : *Apakah tidak boleh kurang sedikit?*
(Can't you reduce it a little?)

HAMID : *Tidak boleh. Ini sudah harga pas*.*
(No, I'm afraid I can't. It is a fixed price.)

JOHN : *Baiklah. Apakah saya harus membayar uang muka?*
(All right. Must I pay you a deposit?)

151

HAMID : *Ya, Tuan.*
(Yes, sir.)

JOHN : *Pak Hamid, sekarang saya akan bayar uang muka 250.000 [dua ratus lima puluh ribu] rupiah.*
(Mr. Hamid. I'll pay you the deposit now, 250,000 rupiahs.)

HAMID : *Terima kasih, Tuan John.*
(Thank you, Mr. John.)

Harga pas, 'fixed price'. *Harga mati* is also used. *Pas* also means 'exact', as in *uang pas*, 'exact amount' (of money).

Di Mana Pak Lukman Tinggal Sekarang?
(Where Does Mr. Lukman Live Now?)

ALEX : *Setiap pagi Pak Lukman sibuk membaca koran saja.*
(Every morning Mr. Lukman is busy reading newspaper.)

BASUKI : *Apa yang dibacanya?*
(What does he read?)

ALEX : *Iklan. Dia sedang mencari rumah.*
(The advertisement. He's looking for a house.)

BASUKI : *Apa Pak Lukman tidak punya rumah sekarang?*
(Doesn't he have a house now?)

ALEX : *Punya, tetapi dia mau mencari rumah yang dekat dengan kantornya.*
(He does but he's looking for a house which is near his office.)

BASUKI : *Di mana Pak Lukman tinggal sekarang?*
(Where does Mr. Lukman live now?)

ALEX : *Dia tinggal di Pasar Minggu.*
(He lives in Pasar Minggu.)

BASUKI : *Apa rumahnya jauh dari kantornya?*
(Is his house far from his office?)

ALEX : *Agak jauh juga. Kalau pakai mobil pun satu jam baru sampai.*
(It's quite far. It'll take one hour by car.)

BASUKI : *Tak heran kalau Pak Lukman mau pindah.*
(No wonder he wants to move.)

Ke Mana Anda Pindah?
(Where Have You Moved To?)

ADAM : *Saudara Leo, saya dengar Anda sudah pindah. Ke mana Anda pindah?*
(Mr. Leo, I hear that you've moved. Where have you moved to?)

LEO : *Ke Jalan Gandaria.*
(To Jalan Gandaria.)

ADAM : *Bagaimana keadaan kamarnya?*
(What's the room like?)

LEO : *Kamarnya boleh juga. Hanya saja saya harus beli beberapa peralatan sendiri.*
(The room is all right. But I've to buy a few things myself.)

ADAM : *Apa saja yang harus Anda beli?*
(What must you buy?)

LEO : *Meja tulis dan kursi. Selain dari itu saya harus juga beli kelambu.*
(A desk and some chairs. Besides, I've to get a mosquito net.)

ADAM : *Sudahkah Anda beli semuanya?*
(Have you bought all the things yet?)

LEO : *Semuanya sudah saya beli kecuali kelambu.*
(Yes, I've bought everything except the mosquito net.)

ADAM : *Oh, Anda tidak usah beli kelambu. Saya punya satu. Nanti saya berikan pada Anda.*
(You needn't buy the mosquito net. I have one. I'll give it to you.)

154

Sedang Mencari Sesuatu?
(Are You Looking For Something?)

BUDI : *Hei, Saudara Leo, sedang apa?*
(Hei, Leo, what are you doing?)

LEO : *Saya sedang membaca koran*.*
(I am reading a newspaper.)

BUDI : *Apa yang sedang Saudara baca?*
(What are you reading right now?)

LEO : *Iklan.*
(The advertisements.)

BUDI : *Iklan? Sedang mencari sesuatu?*
(The advertisements? Are you looking for something?)

LEO : *Saya sedang mencari tempat indekos.*
(Yes, I am looking for a room to rent.)

BUDI : *Sudah dapat?*
(Have you found one?)

LEO : *Belum.*
(Not yet.)

BUDI : *Sudah berapa lama Saudara mencarinya?*
(How long have you been searching?)

LEO : *Sudah dua minggu.*
(Already two weeks.)

BUDI : *Jangan kuatir. Nanti saya tanya teman kita Arif.*
Mungkin di tempat kosnya masih ada kamar kosong.
(Don't worry. I'll ask our friend Arif.
Perhaps there's still a vacant room for you.)

Koran, 'newspaper'. *Koran* is the colloquial equivalent of *surat kabar*.

Berapa Uang Kosnya?
(How Much Is The Rent?)

ARIF : *Halo, Leo. Saya dengar Anda mencari tempat kos*.*
(Hallo, Leo. I heard that you are looking for a place to stay.)

LEO : *Betul. Saya sedang mencari tempat kos.*
(Yes, I am looking for a place to stay.)

ARIF : *Kebetulan sekali di tempat saya itu masih ada satu kamar kosong. Kalau Anda mau, nanti saya bicarakan dengan tuan rumah.*
(By chance, the place where I stay still has a vacant room. If you are interested, I'll talk to the landlord.)

LEO : *Berapa uang kosnya setiap bulan?*
(How much is the rent per month?)

ARIF : *Setiap bulan saya bayar 100.000 [seratus ribu] rupiah.*
(Every month I pay 100,000 rupiahs.)

LEO : *Termasuk makan?*
(Does that include meals?)

ARIF : *Dua kali sehari, makan pagi dan makan malam.*
(Yes, twice a day. Breakfast and dinner.)

LEO : *Bagaimana makan siang?*
(What about lunch?)

ARIF : *Saya selalu makan siang di luar.*
(I always have my lunch outside.)

LEO : *Bagaimana dengan cucian?*

(What about laundry?)

ARIF : *Itu sudah termasuk cucian. Nyonya rumah mempunyai pembantu yang akan mencuci dan menyeterika pakaian kita.*
(Laundry is included. The landlady has a servant who will wash and iron your clothes.)

LEO : *Nampaknya tempat kos Anda bagus juga. Tolong bicarakanlah dengan tuan rumah. Kalau dapat, saya mau masuk secepat mungkin.*
(Your boarding place sounds good. Do talk to your landlady. If possible, I want to move in as soon as possible.)

*Kos, from *indekos,* means 'boarding house'.

13

ON THE TELEPHONE

Bisa Bicara Dengan Pak W?
(May I Speak To Mr. W?)

SEKRETARIS : *Kantor ABC. Selamat pagi.*
(SECRETARY) (This is the office of ABC. Good
  morning.)

PAK ALEX : *Bisa bicara dengan Pak Waworuntu?*
  (May I speak to Mr. Waworuntu?)

SEKRETARIS : *Oh, Pak Waworuntu tidak [ada] di kantor.*
(SECRETARY) *Ada pesan, Pak?*
  (Oh, Mr. Waworuntu is not in the office.
  Is there any message, sir?)

PAK ALEX : *Tolong sampaikan kepada Pak*
  Waworuntu, bahwa saya menelpon.
  (Please inform Mr. Waworuntu, that I have
  phoned.)

SEKRETARIS : *Nama Bapak?*
(SECRETARY) (Your name, please.)

PAK ALEX : *Alex. Dari kantor X.*
  (Alex. From X Agency.)

SEKRETARIS : *Nomor telpon Bapak?*
(SECRETARY) (Your telephone number?)

PAK ALEX : *123456 [satu-dua-tiga-empat-lima-enam],*
  pesawat[*] 24 [dua-empat].
  (123456, extention 24.)

SEKRETARIS : *Baik, Pak Alex . . . akan saya sampaikan*
(SECRETARY) *kepada Pak Waworuntu.*
  (Thank you, Mr. Alex. I'll give your
  message to Mr. Waworuntu.)

PAK ALEX   : *Terima kasih.*
                 (Thank you.)

SEKRETARIS   : *Kembali.*
(SECRETARY)   (You are welcome.)

*Pesawat, 'telephone extension'. The original meaning of *pesawat* is 'machine'. Airplane is *pesawat terbang* (flying machine) or just *pesawat*.

161

Apakah Ini Rumah Bu Darsan?
(Is This Mrs. Darsan's House?)

Kring ... kring ...

PEMBANTU	:	*Halo!*
(HOUSEMAID)		(Hallo!)

BU LUBIS	:	*Apa[kah] ini rumah Bu Darsan?*
(MRS. LUBIS)		(Is this Mrs. Darsan's house?)

PEMBANTU	:	*Iya, betul.*
(HOUSEMAID)		(Yes, it is.)

BU LUBIS	:	*Bisa bicara dengan Bu Darsan?*
(MRS. LUBIS)		(May I speak to Mrs. Darsan?)

PEMBANTU	:	*Ibu tidak ada di rumah. Ibu pergi.*
(HOUSEMAID)		*Ibu siapa.*
		(Mrs. Darsan is not in. She has gone out. Who's that speaking?)

BU LUBIS	:	*Oh, saya Bu Lubis. Bilang* Ibu, ya, saya*
(MRS. LUBIS)		*menelpon.*
		(Oh, I am Mrs. Lubis. Tell Mrs. Darsan that I've called.)

PEMBANTU	:	*Iya, Bu.*
(HOUSEMAID)		(Yes, Mrs. Lubis.)

BU LUBIS	:	*Terima kasih.*
(MRS. LUBIS)		(Thank you.)

PEMBANTU	:	*Kembali.*
(HOUSEMAID)		(You're welcome.)

Bilang, 'to say', 'inform'. It is an informal way of saying *beritahu* (to inform).

Bolehkah Saya Bicara Dengan Pak S?
(May I Speak To Mr. S?)

AHMAD : *Halo, bolehkah saya bicara dengan Pak Suparman?*
(Hallo, may I speak to Mr. Suparman.)

PETUGAS : *Ini siapa?*
(OFFICER) (Who's that speaking?)

AHMAD : *Nama saya Ahmad dari Padang.*
(My name is Ahmad from Padang.)

PETUGAS : *Tunggu sebentar . . . .*
(OFFICER) *Maaf, Pak Ahmad. Di sini tidak ada orang yang bernama Pak Suparman.*
(Hold on a while . . . .
Sorry Mr. Ahmad, there is no one called Mr. Suparman here.)

AHMAD : *Apa ini nomor 337639 [tiga-tiga-tujuh-enam-tiga-sembilan]?*
(Is that 337639?)

PETUGAS : *Bukan. Ini nomor 337693 [tiga-tiga-tujuh-enam-sembilan-tiga].*
(OFFICER) (No, this is 337693.)

AHMAD : *Maaf, saya salah sambung.*
(Sorry, I've dialed the wrong number.)

163

Berapa Lama Saya Mesti Tunggu?
(How Long Must I Wait?)

PETUGAS   : *Perpustakaan Nasional.*
(OFFICER)   (National Library.)

LEO   : *Bolehkah saya bicara dengan Ibu Mastini?*
   (May I speak to Mrs. Mastini?)

PETUGAS   : *Harap tunggu sebentar. Pesawat Ibu Mastini*
(OFFICER)   *sedang sibuk.*
   (Please hold on. Her line is busy at the
   moment.)

LEO   : *Maafkan saya, saya ada urusan yang penting*
   yang perlu dibicarakan dengan Ibu Mastini.
   (Excuse me, I have important matters to
   discuss with Mrs. Mastini.)

PETUGAS   : *Maaf. Saya tidak berani mengganggu*
(OFFICER)   *percakapannya.*
   (Sorry, I dare not interrupt her conversation.)

LEO   : *Berapa lama saya mesti tunggu?*
   (How long must I wait?)

PETUGAS   : *Tidak lama. Sebentar saja. Nah pesawatnya*
(OFFICER)   *sudah bisa disambung sekarang.*
   (Not long, a short while only. Oh, her line
   can be connected now.)

MASTINI   : *Ya, Mastini.*
   (Mrs. Mastini speaking.)

LEO   : *Selamat pagi, Ibu.*
   (Good morning, Mrs. Mastini.)

Apa Ini Pusat Bahasa?
(Is That Pusat Bahasa?)

LEO : *Halo, apa ini Pusat Bahasa?*
(Hallo, is that Pusat Bahasa [literary: Language Centre].)

PETUGAS : *Ya, ini Pusat Bahasa.*
(OFFICER) (Yes, this is Pusat Bahasa.)

LEO : *Bolehkah saya bicara dengan Pak Latif?*
(May I speak to Mr. Latif.)

PETUGAS : *Sayang sekali, Pak Latif sedang rapat.*
(OFFICER) (Sorry, sir, Mr. Latif is at the meeting.)

LEO : *Bolehkah saya bicara dengan pembantunya?*
(May I speak to his assistant.)

PETUGAS : *Pembantunya Pak Latif sedang cuti.*
(OFFICER) (His assistant is on leave.)

LEO : *Kapan rapat akan selesai?*
(When will the meeting end?)

PETUGAS : *Saya kurang pasti. Mungkin satu jam lagi.*
(OFFICER) (I am not certain. Perhaps in one hour's time.)

LEO : *Kalau begitu, saya akan telpon lagi satu jam kemudian.*
(If that's the case, I'll phone again in an hour.)

PETUGAS : *Baik, Pak. Terima kasih.*
(OFFICER) (Yes, sir. Thank you.)

Apakah Ini Nomor 87200?
(Is This Number 87200?)

ADAM : *Halo, apakah ini nomor 87200 [delapan-*
tujuh-dua-nol-nol]?
(Hallo, is this number 87200?)

BASUKI : *Betul.*
(Yes, that's correct.)

ADAM : *Bolehkah saya bicara dengan Tuan*
Anderson?
(May I speak to Mr. Anderson?)

BASUKI : *Tidak ada yang bernama Tuan Anderson di*
sini. Mungkin Anda salah sambung.
(There is no one called Mr. Anderson here.
Perhaps you have the wrong number.)

ADAM : *Tidak mungkin. Tuan Anderson memberikan*
nomor ini kepada saya minggu yang lalu.
(Impossible. Mr. Anderson gave me the
number last week.)

BASUKI : *Tunggu sebentar. Oh ya, Tuan Anderson*
adalah Direktur baru kami. Tetapi beliau
sedang keluar. Ada pesan yang bisa
disampaikan?
(Hold on for a while. Oh yes, Mr. Anderson is
our new Director. But he is out at the moment.
Is there any message?)

ADAM : *Tidak ada apa-apa. Tapi katakanlah bahwa*
Pak Adam dari Medan sudah tiba di Jakarta.
(There is none. Just say that Mr. Adam from
Medan has arrived in Jakarta.)

166

BASUKI : *Siapa yang berbicara?*
(Who is that calling?)

ADAM : *Pak Adam sendiri.*
(Mr. Adam himself.)

Bapak Mau Bicara Dengan Siapa?
(Whom Do You Want To Speak To?)

LEO : *Halo, apa ini Fakultas Sastra, Univesitas Indonesia?*
(Hallo, is that Faculty of Letters, University of Indonesia?)

OPERATOR : *Betul. Bapak mau bicara dengan siapa?*
(Yes. Whom do you want to speak to?)

LEO : *Tolong sambungkan dengan Jurusan Indonesia.*
(Please connect me with the Indonesian Department.)

OPERATOR : *Baik, tunggu sebentar.*
(Yes, wait a while.)

SEKRETARIS : *Jurusan Indonesia. Bapak mau bicara*
(SECRETARY) *dengan siapa?*
(This is the Indonesian Department. Whom do you want to speak to?)

LEO : *Saya Leo dari Singapura. Saya mau bicara dengan Pak Munadi.*
(I am Leo from Singapore. May I speak to Mr. Munadi, please?)

SEKRETARIS : *Tunggu sebentar, Pak. Saya tidak tahu*
(SECRETARY) *apa Pak Munadi ada atau tidak. Maafkan, Pak. Pak Munadi sedang mengajar. Bapak ingin meninggalkan pesan?*
(Hold on for a while. I don't know whether Mr. Munadi is in or not . . . . Excuse me, sir. Mr. Munadi is teaching at

168

the moment. Do you want to leave any
message?)

LEO : *Tolong beritahu Pak Munadi bahwa Leo
dari Singapura sedang ada di Jakarta,
menginap di Hotel Indonesia, Kamar
nomor 324 [tiga-dua-empat].*
(Please inform Mr. Munadi that Leo
from Singapore is now in Jakarta, staying
at the Hotel Indonesia, room number
324.)

SEKRETARIS : *Baik, Pak. Selamat siang.*
(SECRETARY) (Yes, sir. Good day.)

LEO : *Kembali.*
(The same to you.)

Dari Siapa Interlokal Itu?
(From Whom Did The Trunk Call Come From?)

A : *Saya dengar Anda dapat interlokal kemarin.*
(I hear that you had a trunk call yesterday.)

B : *Ya, betul.*
(Yes, I did.)

A : *Dari siapa interlokal itu?*
(From whom did the trunk call come?)

B : *Dari Ali.*
(From Ali.)

A : *Apa ceritanya?*
(What did he say [lit. what's his story].)

B : *Dia memberitahu saya dia telah menikah.*
(He informed me that he had got married.)

A : *Apa lagi yang dia katakan?*
(What else did he say?)

B : *Dia mengatakan dia akan pergi ke Bali.*
(He said he would be going to Bali.)

14

DAILY ACTIVITIES

Kamu Sedang Apa?
(What Are You Doing?)

A : *Kamu* sedang apa?*
  (What are you doing?)

B : *Saya sedang membaca.*
  (I am reading.)

A : *Ayah di mana?*
  (Where's father?)

B : *Ayah masih belum pulang dari kerja.*
  (Father is not back from work yet.)

A : *Ibu di mana?*
  (Where's mother?)

B : *Ibu sedang memasak di dapur.*
  (Mother's cooking in the kitchen.)

A : *Segera ayah akan pulang. Pergilah membantu Ibu di dapur.*
  (Father will be back soon. Go and help mother in the kitchen.)

*Kamu (you) is only used among intimate friends or when speaking to people of low status.

Bagaimana Kongres Itu?
(How Was The Congress?)

ABDULLAH : *Pak Leo, apakah betul Pak Leo menghadiri Kongres Bahasa baru-baru ini?*
(Mr. Leo, is it true that you have attended the Language Congress recently?)

LEO : *Betul.*
(Yes, it is.)

ABDULLAH : *Bagaimana kongres itu?*
(How was the Congress?)

LEO : *Kongres itu menarik sekali.*
(The Congress was very interesting.)

ABDULLAH : *Apa yang menarik?*
(What's interesting about the Congress?)

LEO : *Saya ada kesempatan bertemu dan berbincang dengan pakar bahasa Indonesia.*
(I have an opportunity to meet Indonesian language experts and discuss things with them.)

ABDULLAH : *Ada apa lagi?*
(Anything else?)

LEO : *Tiap peserta diberi sebuah kamus dan sebuah buku tatabahasa dengan cuma-cuma.*
(Every participant was given a free dictionary and a grammar book.)

ABDULLAH : *Menyesal sekali saya tidak menghadirinya.*
(I regret that I did not attend it.)

173

Apakah Anda Sudah Pergi Ke Dokter?
(Did You Go To See The Doctor?)

A : *Ke mana Anda kemarin?*
   (Where did you go yesterday?)

B : *Saya tidak ke mana-mana. Saya tidur saja di rumah.*
   (I didn't go anywhere. I slept at home.)

A : *Kenapa? Anda sakit?*
   (What's the matter? Were you sick?)

B : *Ya, saya sakit. Kepala saya pusing.*
   (Yes, I were sick. My head was aching.)

A : *Apa Anda sudah pergi ke dokter?*
   (Did you go to see the doctor?)

B : *Sudah.*
   (Yes, I did.)

A : *Apa kata dokter?*
   (What did the doctor say?)

B : *Kata dokter saya harus banyak beristirahat.*
   (The doctor said I must rest a lot.)

A : *Bagaimana Anda sekarang?*
   (How are you now?)

B : *Sekarang sudah agak baik, terima kasih.*
   (I am better now, thank you.)

Jam Berapa Biasanya Anda . . . ?
(What Time Do You Usually . . . ?)

A : *Jam berapa biasanya Anda bangun* pagi?
(What time do you usually get up?)

B : *Saya bangun pagi sekitar jam enam.*
(I get up about six o'clock.)

A : *Jam berapa Anda makan pagi?*
(What time do you have your breakfast?)

B : *Makan pagi selalu pada jam tujuh.*
(Breakfast is always at seven o'clock.)

A : *Apa yang biasanya Anda kerjakan pada sore hari?*
(What do you usually do at the afternoon?)

B : *Biasanya saya belajar atau membaca.*
(I usually study or read.)

A : *Apa yang umumnya Anda kerjakan pada akhir minggu?*
(What do you generally do in the weekend?)

B : *Saya biasanya suka berolahraga. Kadang-kadang saya mengunjungi teman.*
(I generally enjoy sports. Now and then I visit friend.)

*Bangun, 'to wake up' or 'get up'. Membangun is 'to build'.

175

Apa Ada Kantor Pos Dekat Sini?
(Is There A Post Office Nearby?)

ANDREW : *Selamat siang, Pak.*
(Good day, sir.)

BASUKI : *Selamat siang, Tuan.*
(Good day, sir.)

ANDREW : *Bapak dari mana?*
(Where are you [coming] from?)

BASUKI : *Saya dari kantor. Tuan Andrew mau ke mana?*
(I have come from the office. Where are you going, Mr. Andrew?)

ANDREW : *Saya mau ke kantor pos. Apa ada kantor pos dekat sini?*
(I want to go to the post office. Is there a post office nearby?)

BASUKI : *Ada. Dekat setasiun bis.*
(Yes. [There is one] near the bus station.)

ANDREW : *Apakah jauh dari sini?*
(Is it far from here?)

BASUKI : *Tidak, dekat saja. Jalan sepuluh menit sudah sampai.*
(No, it's very near. Just ten minutes' walk.)

Saya Mau Mengirim Surat Ini
(I Would Like To Send This Letter)

AMIN : *Selamat siang.*
(Good morning.)

PEGAWAI : *Selamat siang.*
(OFFICER) (Good morning.)

AMIN : *Saya mau mengirim* surat ini ke Jakarta.*
(I would like to send this letter to Jakarta.)

PEGAWAI : *Dengan pos laut atau pos udara?*
(OFFICER) (By surface mail or by air mail?)

AMIN : *Pos udara.*
(By air mail.)

PEGAWAI : *350 [tiga ratus lima puluh] rupiah.*
(OFFICER) (350 rupiahs.)

AMIN : *Apa saya bisa beli perangko di sini?*
(May I buy stamps here?)

PEGAWAI : *Tentu saja.*
(OFFICER) (Certainly.)

*Meng + *kirim* = *mengirim*, 'to send'. Though *kirim* is interchangeable with *antar*, 'deliver', *antar* usually means 'to take or accompany someone to somewhere'.

177

Anda Mau Mengirim Paket Ini Ke Mana?
(Where Would You Like To Send This Parcel?)

LEO : *Selamat pagi, Pak.*
(Good morning, sir.)

PEGAWAI : *Selamat pagi.*
(OFFICER) (Good morning.)

LEO : *Saya mau mengirim paket ini.*
(I would like to send this parcel.)

PEGAWAI : *Anda mau mengirim paket ini ke mana?*
(OFFICER) (Where would you like to send this parcel
to?)

LEO : *Ke Jakarta.*
(To Jakarta.)

PEGAWAI : *Dengan pos laut atau udara?*
(OFFICER) (By surface mail or air mail?)

LEO : *Pos udara. Berapa ongkosnya*?*
(By air mail. How much is the cost?)

PEGAWAI : *Tunggu sebentar. Saya timbang paket itu*
(OFFICER) *dulu.*
(Wait a moment. I'll weight it.)

Ongkos, 'cost', 'expenses'. It is interchangeable with *biaya*,
and *belanja*. *Belanja* also means 'to go shopping'.

Anda Mau Mengirim Surat Kawat Ke Mana?*
(Where Do You Want To Send A Telegram To?)

JANE : *Saya mau mengirim surat kawat.*
(I want to send a telegram.)

PEGAWAI : *Anda mau mengirim surat kawat ke mana?*
(OFFICER) (Where do you want to send a telegram to?)

JANE : *Ke Singapura.*
(To Singapore.)

PEGAWAI : *Sudahkah Anda mengisi formulir** ini?*
(OFFICER) (Have you filled in this form?)

JANE : *Belum. Boleh saya minta formulirnya?*
(Not yet. May I have the form, please?)

PEGAWAI : *Ini formulirnya. Jangan lupa tulis alamat*
(OFFICER) *Anda.*
(Here is the form. Don't forget to write your
address.)

JANE : *Berapa yang harus saya bayar?*
(How much must I pay?)

PEGAWAI : *Sebentar, saya hitung dulu.*
(OFFICER) (A moment, let me calculate first.)

* *Surat kawat* is telegram. *Telegram* is also used.
**Formulir*, 'form'. The Malay word for form is *borang*.

Bolehkah Saya Menguangkan Cek Perjalanan Saya?
(May I Cash My Travellers Cheques Here?)

ADAM : *Selamat pagi.*
(Good morning.)

PEGAWAI BANK : *Selamat pagi.*
(BANK OFFICER) (Good morning.)

ADAM : *Bolehkah saya menguangkan cek perjalanan* saya?*
(May I cash my travellers cheques here?)

PEGAWAI BANK : *Tentu saja. Apa cek perjalanan Tuan*
(BANK OFFICER) *dalam dolar Amerika?*
(Certainly. Are your travellers cheques in American dollars?)

ADAM : *Betul, cek saya dalam dolar Amerika. Berapa kursnya sekarang?*
(Yes, my cheque is in American dollars. What is the rate of exchange now?)

PEGAWAI BANK : *Satu dolar Amerika sama dengan 1.700*
(BANK OFFICER) *[seribu tujuh ratus] rupiah*.*
(One American dollar to 1,700 rupiahs.)

ADAM : *Saya mau menguangkan cek perjalanan ini dan juga menukar lima puluh dolar Amerika dengan rupiah.*
(I wish to cash this cheque and change fifty American dollar into rupiah.)

PEGAWAI BANK : *Baik, ini rupiahnya, Tuan.*

(BANK OFFICER)   (O.K., here are your rupiah bills sir.)

Rupiah, Indonesian monetary unit. At time of writing, 1,000 rupiahs is equivalent to S$1.00 (about US$0.45).

Please note that *traveller cek* is often used instead of *cek perjalanan*.

Maukah Bapak Mengajar Saya Setir Mobil?*
(Can You Teach Me To Drive?)

SIMUND : *Pak Djoko, maukah Bapak mengajar saya setir mobil?*
(Mr. Djoko, can you teach me to drive?)

DJOKO : *Tuan belum bisa setir mobil?*
(Can't you drive?)

SIMUND : *Belum, Pak.*
(No, I can't.)

DJOKO : *Kapan Tuan mau belajar?*
(When do you want to learn?)

SIMUND : *Terserah Pak Djoko. Apakah Pak Djoko punya waktu untuk mengajar saya?*
(It depends on you. Do you have time to teach me?)

DJOKO : *Kalau sore hari boleh saja.*
(Evenings are O.K.)

SIMUND : *Kapan kita mulai?*
(When can we start?)

DJOKO : *Bagaimana kalau kita mulai sore nanti.*
(What do you think if we start this evening.)

SIMUND : *Boleh, Pak.*
(It's O.K. [with me], Mr. Djoko.)

**Setir, menyetir,* 'to steer' are synonyms of *mengemudikan* *(=meng + kemudi + kan),* 'to drive'. To drive a car in Malay is *memandu,* which in Indonesian means 'to guide'. *Pemandu* is 'a guide'.

182

Ada Daging Sapi Yang Segar?
(Do You Have Fresh Beef?)

PENJUAL : *Selamat pagi, Bu. Ibu cari apa?*
(SELLER)   (Good morning, Madam. What are you
looking for, Ma'am?)

AMINAH : *Saya mau beli daging. Apa ada daging sapi*
yang segar?
(I want to buy some meat. Do you have fresh
beef?)

PENJUAL : *Ada, berapa kilo Ibu mau beli?*
(SELLER)   (Yes, Ma'am. How many kilogrammes do
you want?)

AMINAH : *Daging ini kelihatannya agak keras, mungkin*
tidak segar lagi.
(The meat looks a bit hard, perhaps it isn't
that fresh.)

PENJUAL : *Tidak Ibu. Ini daging sapi yang segar lagi*
(SELLER)   *empuk.*
(No, Ma'am. The meat is fresh and tender.)

AMINAH : *Tapi daging ini banyak gajihnya*.*
(But the meat has too much fat.)

PENJUAL : *Saya akan bersihkan gajihnya. Berapa kilo*
(SELLER)   *Ibu perlu?*
(I'll cut the fat out. How many kilogrammes
do you need?)

AMINAH : *Berapa harganya satu kilo?*
(What is the price for one kilogramme?)

PENJUAL : *Satu kilo harganya 4.500 [empat ribu lima*
(SELLER)   *ratus] rupiah.*

183

(One kilogramme is 4,500 rupiahs.)

AMINAH : *Boleh kurang sedikit?*
(Can you reduce a bit?)

PENJUAL : *Maaf, Ibu. Ini sudah harga pas.*
(SELLER) (Sorry, Ma'am. The price is fixed.)

AMINAH : *Baiklah, kasi saya satu kilo. Ini uangnya.*
(Okay, give me one kilogramme. Here is the money.)

Gajih, 'fat'. *Lemak* is its synonym.

Nyonya Perlu Apa?
(What Would You Like, Madam?)

PENJUAL : *Selamat pagi, Nyonya. Nyonya perlu apa?*
(SELLER)   (Good morning, Madam. What would you
like, Madam?)

TINI : *Saya mau beli ikan.*
(I want to buy some fish.)

PENJUAL : *Ini ada ikan bandeng besar-besar. Baru saja*
(SELLER)   *ditangkap. Masih hangat.*
(Here are big 'bandeng' fish. Just has been
caught. Still warm.)

TINI : *Berapa harganya satu ekor?*
(How much is one fish?)

PENJUAL : *Maaf, Nyonya. Kami tidak menjual per ekor.*
(SELLER)   *Kami jual kiloan*.
(Sorry, Madam. We don't sell by the fish. We
sell by the kilogramme.)

TINI : *Oh, maaf. Berapa harganya sekilo?*
(Oh, sorry. How much is one kilogramme?)

PENJUAL : *Murah saja, 2.000 [dua ribu] rupiah per kilo.*
(SELLER)   (Very cheap. 2,000 rupiahs per kilogramme.)

TINI : *Mahal sekali. Tidak boleh kurang sedikit?*
(So expensive. Can't you reduce a bit?)

PENJUAL : *Nyonya. Ini harga pas.*
(SELLER)   (Madam, the price is fixed.)

TINI : *Berikan saya empat kilo.*
(Give me four kilogrammes then.)

PENJUAL : *Semuanya 8.000 [delapan ribu] rupiah.*

185

(SELLER)   *Terima kasih, Nyonya.*
(That's 8,000 rupiahs altogether. Thank you, Madam.)

Kilo + an = kiloan, 'by the kilogramme'. By the litre is *literan*, by the pound (*pon*) is *ponan*.

Apakah Anda Sakit?
(Are You Ill?)

ROBERT : *Maaf, Anda mau ke mana?*
(Excuse me, where are you going?)

MUHIDIN : *Saya hendak ke klinik. Dan Anda mau ke mana?*
(I am going to the clinic. And where are you going?)

ROBERT : *Saya ke kantor. Apakah Anda sakit?*
(I am going to the office. Are you ill?)

MUHIDIN : *Benar. Hari ini saya merasa kurang sehat.*
(Yes, I don't feel well today.)

ROBERT : *Di manakah klinik Anda?*
(Where is your clinic?)

MUHIDIN : *Jalan Nusantara.*
(At Jalan Nusantara.)

ROBERT : *Kantor saya juga di Jalan Nusantara. Mari saya antar Anda ke klinik.*
(My office is also at Jalan Nusantara. Let me take you to the clinic.)

MUHIDIN : *Terima kasih atas kebaikan hati Anda.*
(Thank you for your kindness.)

Apa Yang Anda Rasakan?
(How Do You Feel?)

DOKTER : *Silakan duduk. Apa yang Anda rasakan?*
(DOCTOR) (Please sit down. How do you feel?)

ASMAH : *Saya tidak bisa tidur belakangan ini.*
(I can't sleep lately.)

DOKTER : *Sudah berapa lama Anda tidak bisa tidur?*
(DOCTOR) (How long have you been like this [unable to sleep])?

ASMAH : *Sudah hampir seminggu.*
(About one week.)

DOKTER : *Bagaimana selera Anda?*
(DOCTOR) (How is your appetite?)

ASMAH : *Saya juga tidak ada nafsu makan.*
(I have no appetite either.)

DOKTER : *Baiklah saya periksa dulu. Silakan buka*
(DOCTOR) *mulutnya.*
(Let me examine [you] first. Please open your mouth.)

ASMAH : *Apa sakit saya, Dokter?*
(What's wrong with me, Doctor?)

DOKTER : *Jangan kuatir. Anda hanya terlalu lelah.*
(DOCTOR) *Beristirahatlah banyak-banyak.*
(Don't worry. You are just too tired. You should rest a lot.)

ASMAH : *Di mana saya bisa membeli obat?*
(Where can I buy the medicine?)

DOKTER : *Tidak berapa jauh dari sini ada apotik.*

(DOCTOR)   (There is a dispensary not far from here.)

ASMAH   : *Terima kasih, Dokter.*
          (Thank you, Doctor.)

Apa Yang Tuan Makan Kemarin?
(What Did You Eat Yesterday?)

PETER : *Selamat pagi, Dokter.*
(Good morning, Doctor.)

DOKTER : *Selamat pagi. Silakan duduk. Apa yang*
(DOCTOR) *dapat saya lakukan untuk Tuan?*
(Good morning. Please sit down. What can I
do for you?)

PETER : *Sejak kemarin perut saya sakit.*
(Since yesterday I have had stomach ache.)

DOKTER : *Jangan kuatir, saya akan periksa Tuan.*
(DOCTOR) *Apa yang Tuan makan kemarin?*
(Don't worry. I'll examine you.
What did you eat yesterday?)

PETER : *Saya makan sepiring gado-gado di warung.*
(I ate a plate of mixed vegetable salad at a
food stall.)

DOKTER : *Tuan salah makan rupanya. Tuan minum*
(DOCTOR) *obat ini tiga kali sehari, sampai obatnya*
habis.
(It seems you have food-poisoning. Take this
medicine three times a day till the medicine
is finished.)

PETER : *Dokter, bolehkah saya makan gado-gado?*
(Doctor, may I still eat mixed vegetable
salad?)

DOKTER : *Sebaiknya* jangan makan gado-gado dulu*
(Doctor) *untuk sementara.*
(It's better you don't eat mixed vegetable

salad for the time being.)

PETER : *Bagaimana dengan buah-buahan? Bolehkah saya makan?*
(May I eat fruit?)

DOKTER
(DOCTOR) : *Buah-buahan juga sebaiknya jangan makan. Minumlah air banyak-banyak. Ingat, air itu harus dimasak dulu. Tuan akan sembuh dalam waktu singkat.*
(Don't eat fruits either. Drink a lot of water. Remember, the water must be boiled. You'll be cured/get well in short time.)

PETER : *Terima kasih. Saya akan ikut nasihat Dokter.*
(Thank you, Doctor. I'll certainly take your advice.)

Se + baik + nya = sebaiknya, 'better', 'best'. Please note that *baik* may mean 'fine', 'good' or 'all right', as in *Baik, Tuan*: All right, sir.

Apakah Tempat Ini Kosong?
(Is This Place Unoccupied?)

A : *Maaf, apakah tempat ini kosong?*
  (Excuse me, is this seat unoccupied?)

B : *Ya, tempat ini kosong.*
  (Yes, it is.)

A : *Bolehkah saya duduk di sini?*
  (May I sit here?)

B : *Silakan.*
  (Please do.)

A : *Apakah itu koran hari ini?*
  (Is that this morning's paper?)

B : *Ya, betul.*
  (Yes, it is.)

A : *Bolehkah saya pinjam?*
  (May I borrow it?)

B : *Maaf, saya masih belum habis membacanya.*
  (Sorry, I haven't finished reading it yet.)

A : *Kalau begitu, tidak apa-apa.*
  (In that case, it doesn't matter.)

Apakah Anda Akan Pergi Ke Kota?
(Will You Be Going To Town?)

A : *Apakah Anda akan pergi ke kota pagi ini?*
(Will you be going to town this morning?)

B : *Ya, sebentar lagi, Anda mau ikut?*
(Yes, in a short while. Are you coming along?)

A : *Tidak. Saya tidak bisa keluar pagi ini. Bolehkah
Anda tolong saya?*
(No, I can't go out this morning. Can you do me a
favour?)

B : *Tentu saja.*
(Certainly.)

A : *Tolong kembalikan* buku-buku ini ke perpustakaan.*
(Can you return these books to the library?)

B : *Perpustakaan yang mana?*
(Which library?)

A : *Perpustakaan Nasional di Jalan Salemba.*
(The National Library in Salemba.)

B : *Baik, saya akan kembalikan buku-buku itu untuk
Anda.*
(O.K. I'll return the books for you.)

Kembali + kan = kembalikan, 'to return something'. *Kembali*
means 'to return to one's place of origin'. *Uang kembali* is
'change' (of money).

193

Untuk Apa Anda Pinjam Uang?
(Why Do You Borrow Money?)

ANWAR : *Bolehkah saya pinjam* 40.000 [empat puluh ribu] rupiah dari Anda?*
(Can I borrow 40,000 rupiahs from you?)

BAMBANG : *Untuk apa Anda pinjam uang sebanyak itu?*
(Why do you wish to borrow so much money?)

ANWAR : *Saya mau beli sebuah kamus yang diterbitkan oleh Pusat Bahasa.*
(I want to buy a new dictionary published by the Language Centre.)

BAMBANG : *Berapa harga kamus itu?*
(What's the price of the dictionary?)

ANWAR : *39.000 [tiga puluh sembilan ribu] rupiah.*
(39,000 rupiahs.)

BAMBANG : *Nah, ini uangnya. Simpan uang itu baik-baik.*
(Here's the money. Keep it safely.)

ANWAR : *Terima kasih atas bantuan Anda.*
(Thank you for your assistance.)

*Pinjam, 'to borrow from'; *pinjamkan*, 'to lend to'; *dipinjamkan*, 'to be given as loan'.

194

Bolehkah Saya Pinjam . . .?
(Can I Borrow . . . ?)

ANDREW : *Boleh saya pinjam 10.000 [sepuluh ribu]*
rupiah lagi dari Anda?
(Can I borrow another 10,000 rupiahs from
you?)

BAMBANG : *Pinjam 10.000 [sepuluh ribu] lagi? Apakah*
uang yang saya pinjamkan pada Anda tidak
cukup?
(Borrow another 10,000? Is the money I lent
you not enough?)

ANDREW : *Tidak, tidak cukup, karena saya mau beli*
juga sebuah tatabahasa baku baru yang
diterbitkan oleh Pusat Bahasa.
(No, not enough, because I also want to buy
a new standard grammar published by the
Language Centre.)

BAMBANG : *Berapa harganya tatabahasa baku itu?*
(How much does the standard grammar
cost?)

ANDREW : *10.000 [sepuluh ribu] rupiah.*
(10,000 rupiahs.)

BAMBANG : *Maaf, saya kebetulan kehabisan uang.*
Pinjamlah dari John.
(I am sorry. I am running out of money at the
moment. Please borrow from John.)

ANDREW : *Apakah Anda fikir John punya uang untuk*
dipinjamkan pada saya?
(Do you think John has money to lend me?)

195

BAMBANG : *Saya kira dia punya.*
(I think he has.)

15

SETTLING DOWN IN JAKARTA

Apa Yang Dapat Saya Bantu?
(Is There Anything I Can Do?)

JOHN : *Selamat pagi, Pak.*
(Good morning, sir.)

PEGAWAI : *Selamat pagi. Apakah yang dapat saya*
(OFFICER) *bantu?*
(Good morning. Is there anything I can do for you?)

JOHN : *Ya, Pak. Saya ingin membuat Kartu Penduduk.*
(Yes, sir. I wish to apply for a Resident's Stay Permit.)

PEGAWAI : *Apakah Anda orang Indonesia?*
(OFFICER) (Are you Indonesian?)

JOHN : *Saya bukan orang Indonesia. Saya orang Singapura. Saya penduduk tetap di Jakarta ini.*
(No, I am not Indonesian. I am Singaporean. I am permanent resident in Jakarta.)

PEGAWAI : *Saya belum pernah memberikan Kartu*
(OFFICER) *Penduduk kepada orang asing, seperti Anda. Maaf, Anda seharusnya pergi ke kantor imigrasi dahulu, baru ke sini.*
(I have not granted any Resident's Stay Permit to foreigners like you. You must go to the Immigration Department first, then come here.)

JOHN : *Terima kasih.*
(Thank you.)

198

Saya Mau Mengurus Kartu Penduduk
(I Wish To Apply For A Resident's Stay Permit)

JOHN : *Selamat pagi, Pak. Saya mau mengurus Kartu Penduduk.*
(Good morning, sir. I wish to apply for a Resident's Stay Permit.)

PEGAWAI : *Silakan duduk. Silakan isi formulir ini.*
(OFFICER) (Please sit down. Please fill in this form.)

JOHN : *Sudah, Pak. Ini formulirnya.*
(Filled in already, sir. Here is the form.)

PEGAWAI : *Bolehkah saya lihat paspor asli Tuan dan*
(OFFICER) *Surat Keterangan dari Imigrasi?*
(May I see your original passport and the Letter of Explanation from Immigration Department?)

JOHN : *Ini paspor asli saya dan Surat Keterangan dari Imigrasi. Apa lagi yang perlu saya siapkan?*
(Here is my passport and the Letter of Explanation from the Immigration Department. Is there anything that I must get ready?)

PEGAWAI : *Semuanya sudah lengkap. Tinggal dua buah*
(OFFICER) *pasfoto ukuran 2 x 3 [dua kali tiga] cm. Kartu Penduduk Tuan akan segera kami siapkan.*
(Everything is complete now. Just two photos of 2 x 3 cm. We will draw up your Resident's Stay Permit as soon as possible.)

199

JOHN : *Ini pasfotonya, Pak. Kapan saya bisa mengambil Kartu Penduduk saya?*
(Here are my photos. When can I collect my Resident's Stay Permit?)

PEGAWAI : *Kira-kira seminggu lagi.*
(OFFICER) (In about a week's time.)

JOHN : *Terima kasih atas bantuan Bapak.*
(Thank you for your assistance.)

Apakah Orang Asing Bisa Bekerja Di Indonesia?
(Can A Foreigner Work In Indonesia?)

DAVID : *Bapak Rahardjo, apakah orang asing seperti saya bisa bekerja di Indonesia?*
(Mr. Rahardjo, can a foreigner like me work in Indonesia?)

RAHARDJO : *Orang asing sebenarnya tidak dibenarkan bekerja di Indonesia. Tetapi bagi pakar seperti Anda ini lain.*
(Foreigners usually are not allowed to work in Indonesia. But for an expert like you it is different.)

DAVID : *Jadi, saya bisa bekerja di Indonesia?*
(So, I can work in Indonesia?)

RAHARDJO : *Tentu saja. Kami memerlukan* tenaga ahli seperti Anda.*
(Certainly. We need experts like you.)

DAVID : *Apa yang harus saya lakukan kalau saya ingin bekerja di Indonesia?*
(What must I do if I want to work in Indonesia?)

RAHARDJO : *Anda perlu memohon izin kerja.*
(You must apply for a work permit.)

DAVID : *Apakah sulit untuk mendapat izin kerja?*
(Is it difficult to get a work permit?)

RAHARDJO : *Saya kira tidak. Ajukanlah permohonan Anda di KBRI [Kedutaan Besar Republik Indonesia].*
(I don't think so. Just submit your

application to the Indonesian Embassy.)

DAVID : *Terima kasih atas penjelasan Bapak.*
(Thank you for your explanation.)

Mem + perlu + kan = memerlukan, 'to need something'. It is interchangeable with *membutuhkan*, but *membutuhkan* is never used in Malay, because *Butuh* in Malay means 'man's sexual organ'.

Saya Mau Memohon SIM
(I Want To Apply For A Driving Licence)

HENRY : *Maaf, Pak. Saya mau memohon SIM [Surat Izin Mengemudi].*
(Excuse me, sir. I want to apply for a driving licence?)

KURNIAWAN : *Apakah Tuan sudah punya SIM sebelum ini?*
(Do you already have a driving licence?)

HENRY : *Ya, saya sudah punya, tetapi SIM Singapura.*
(Yes, I already have one, but from Singapore.)

KURNIAWAN : *Jadi, SIM apa lagi yang Tuan mau?*
(So, what kind of driving licence do you want?)

HENRY : *Saya mau tukar SIM saya dengan SIM International.*
(I want to change my [Singapore] driving licence for an International one.)

KURNIAWAN : *Oh, SIM Internasional. Kalau begitu, silakan isi formulir ini.*
(An international driving licence. In that case, please fill in this form.)

HENRY : *Apakah saya perlu ikut tes?*
(Do I have to take a test?)

KURNIAWAN : *Saya kira tidak perlu. Nah, SIM Internasional Tuan sudah siap.*
(No, I don't think so. So your International

driving licence is ready.)

HENRY : *Terima kasih atas bantuan Bapak.*
(Thank you for your assistance.)

Anda Pernah Bekerja?
(Have You Ever Worked Before?)

TINI : *Selamat pagi, Pak.*
(Good morning, sir.)

PAK YUNUS : *Selamat pagi. Silakan duduk. Anda*
(MR. YUNUS) *pernah bekerja sebelumnya?*
(Good morning. Please sit down. Have you ever worked before?)

TINI : *Pernah, Pak. Di firma swasta.*
(Yes, sir. In a private firm.)

PAK YUNUS : *Sudah berapa tahun Anda bekerja?*
(MR. YUNUS) (How long have you been working?)

TINI : *Kurang lebih sepuluh tahun.*
(For about ten years.)

PAK YUNUS : *Kenapa Anda berhenti?*
(MR. YUNUS) (Why did you stop?)

TINI : *Firmanya bangkrut, Pak.*
(The firm went bankrupt.)

PAK YUNUS : *Kalau begitu, tunggu saja dulu. Saya*
(MR. YUNUS) *akan menghubungi Anda nanti.*
(If that is the case, you wait first. I will contact you later.)

TINI : *Baik, Pak. Selamat siang.*
(Yes, sir. Good day.)

PAK YUNUS : *Selamat siang.*
(MR. YUNUS) (Good day.)

Apakah Bapak Pernah Menjadi Sopir Peribadi
(Have You Been A Private Chauffeur?)

JOHN : *Apakah Bapak yang bernama Machmud?*
(Are you Mr. Machmud?)

MACHMUD : *Ya, Tuan. Nama saya Machmud.*
(Yes, sir. My name is Machmud.)

JOHN : *Di mana alamat Pak Machmud?*
(Where is your address, Mr. Machmud?)

MACHMUD : *Saya tinggal di Kampung Melayu, Jakarta Timur.*
(I live at Kampung Melayu, on the East side of Jakarta.)

JOHN : *Apakah Bapak pernah menjadi sopir peribadi sebelum ini?*
(Have you been a private chauffeur before this?)

MACHMUD : *Pernah, Tuan. Saya pernah menjadi sopir orang Australia.*
(Yes, sir. I was once chauffeur to an Australian.)

JOHN : *Kenapa Bapak berhenti sekarang?*
(Why did you stop working [for him]?)

MACHMUD : *Beliau sudah pindah ke Singapura.*
(He has moved to Singapore.)

JOHN : *Sudah berapa lama Bapak bekerja dengan orang Australia itu?*
(How long have you been working with the Australian?)

206

MACHMUD : *Kira-kira lima tahun.*
(For about five years.)

JOHN : *Baiklah Pak Machmud. Mulai besok, Bapak boleh bekerja dengan saya.*
(All right, Mr. Machmud. From tomorrow, you can work for me.)

MACHMUD : *Terima kasih, Tuan.*
(Thank you, sir.)

Apakah Pak Budiman Ingin Menjadi Pembantu?
(Do You Wish To Be A Servant?)

JOHN : *Apakah Pak Budiman ingin menjadi pembantu*?*
(Do you wish to be a servant, Mr. Budiman?)

BUDIMAN : *Ya, Tuan.*
(Yes, sir.)

JOHN : *Pak Budiman tinggal di mana?*
(Where do you live?)

BUDIMAN : *Saya tinggal di Kebayoran Lama, Jakarta Selatan.*
(I live at Kebayoran Lama, South Jakarta.)

JOHN : *Berapa umur Bapak sekarang?*
(How old are you now?)

BUDIMAN : *Umur saya 35 [tiga puluh lima] tahun.*
(I am 35.)

JOHN : *Bapak sudah berkeluarga?*
(Do you have a family?)

BUDIMAN : *Saya sudah kawin dan punya dua orang anak.*
(I am married and have two children.)

JOHN : *Pak Budiman, apakah Bapak pernah menjadi pembantu sebelum ini?*
(Mr. Budiman, have you been a servant before?)

Budiman : *Pernah, Tuan. Saya pernah menjadi pembantu keluarga orang Inggeris.*
(Yes, sir. I was once a servant to an English family.)

208

JOHN : *Kenapa sekarang tidak bekerja lagi?*
(Why did you stop working [for him]?)

BUDIMAN : *Sekarang mereka sudah kembali ke negeri Inggeris.*
(They have gone back to England.)

JOHN : *Baik, Pak Budiman. Mulai besok, Bapak boleh bekerja di rumah saya.*
(All right, Mr. Budiman. From tomorrow, you can work in my household.)

BUDIMAN : *Terima kasih, Tuan.*
(Thank you, sir.)

Pem + bantu = *pembantu*, 'servant'. *Bantu*, 'to help', 'to assist'. To mention a servant as *pembantu rumah tangga*, 'family assistant', is an euphemism. Maid-servant in Jakarta is often called *babu*.

Anda Melamar Menjadi Penterjemah?
(Are You Applying For The Post Of Interpreter?)

ROSA : *Selamat pagi, Tuan.*
(Good morning, sir.)

ANDREAS : *Selamat pagi. Silakan duduk. Anda yang melamar menjadi penterjemah?*
(Good morning. Please sit down. Are you applying for the post of interpreter?)

ROSA : *Ya, Tuan.*
(Yes, sir.)

ANDREAS : *Apakah Anda pernah menjadi penterjemah sebelum ini?*
(Have you been an interpreter before?)

ROSA : *Belum pernah, Tuan.*
(No, sir.)

ANDREAS : *Apakah Anda bisa melakukan tugas seorang penterjemah?*
(Can you carry out the duty of an interpreter?)

ROSA : *Bisa, Tuan. Saya pernah belajar menterjemah di sebuah universitas di Jakarta. Dan bahasa Inggeris saya baik.*
(Yes, I can, sir. I've studied translation in a university in Jakarta. And my English is good.)

Andreas : *Baiklah. Kalau Anda memenuhi persyaratan, nanti kami akan panggil.*
(That's all. If you meet the requirements, we'll call you.)

Bisakah Bapak Mencarikan Saya . . . ?
(Can You Find Me . . . ?

ATENG : *Pak Salim, bisakah Bapak mencarikan saya
seorang jururawat peribadi.*
(Mr. Salim, can you find me a private nurse?)

SALIM : *Bisa, saja. Jururawat yang bagaimana Tuan
perlukan?*
(Certainly. What type of nurse do you need?)

ATENG : *Sebaiknya jururawat yang berpengalaman.
Tidak terlalu muda dan juga tidak terlalu tua.*
(It's better to have an experienced nurse.
Not too young and not too old.)

SALIM : *Bagaimana dengan pendidikannya?*
(What about the education standard?)

ATENG : *Tentu yang sudah lulus dari sekolah perawat.*
(Certainly one who graduated from the nursing
school.)

SALIM : *Bagaimana dengan gajinya?*
(How about the salary?)

ATENG : *Saya akan bayar sesuai dengan peraturan
pemerintah. Jam kerja juga seperti berlaku di
klinik.*
(The nurse will be paid in accordance with
government specifications. Working hours will
be similar to those of a clinic.)

SALIM : *Baik, Tuan. Saya akan carikan.*
(All right, sir. I'll find one [for you].)

211

Sudah Betah Tinggal Di Jakarta?*
(Do You Like To Live In Jakarta?)

HADI : *Hai, Peter, ke mana Anda pergi?*
(Hey, Peter, where are you going?)

PETER : *Masuk kerja.*
(I am going to work.)

HADI : *Anda sudah lama kerja di Jakarta?*
(Have you been working long in Jakarta?)

PETER : *Kira-kira enam bulan.*
(About six months.)

HADI : *Bagaimana, sudah betah tinggal di Jakarta?*
(Do you like to live in Jakarta?)

PETER : *Betah sih betah, tapi . . .*
(I do like [to live in Jakarta] but . . .)

HADI : *Tapi apa?*
(But what?)

PETER : *Saya kangen keluarga saya yang di Singapura.*
(I miss my family in Singapore.)

Betah, 'like' or 'feel at home'. *Kerasan* is a synonym of *betah*, but *keras* means hard or not soft.

16

IN THE OFFICE

Apa Yang Sedang Anda Kerjakan?
(What Are You Doing?)

DJOKO : *Apa yang sedang Anda kerjakan, Tini?*
(What are you doing, Tini?)

TINI : *Saya sedang mengetik surat ini, Tuan.*
(I am typing this letter, sir.)

DJOKO : *Tono sedang mengerjakan apa?*
(What's Tono doing?)

TINI : *Dia sedang memeriksa surat-surat yang keluar.*
(He is checking the out-going correspondence.)

DJOKO : *Bagus. Anna dan Lisa sedang mengerjakan apa?*
(Well. What are Anna and Lisa doing?)

TINI : *Mereka sedang bekerja di ruang fotokopi.*
(They're working in the photocopy room.)

DJOKO : *Dan itu jurutulis yang baru? Apa yang sedang dikerjakannya?*
(And the new clerk? What's he doing?)

TINI : *Dia sedang istirahat* minum kopi.*
(He is taking his coffee break now.)

*Istirahat, 'break', 'pause'. Please note that *istirahat* also means 'to rest' and is interchangeable with *mengaso*.

214

Ada Telpon Untuk Bapak
(There Is A Phone Call For You)

SEKRETARIS : *Pak Tomo, ada telpon untuk Bapak.*
(SECRETARY) (Mr. Tomo, there is a phone call for you.)

TOMO   : *Saya sibuk sekali. Jangan ganggu saya.*
            Terima saja pesannya.
            (I am very busy right now. Don't disturb
            me. Just take down the message.)

SEKRETARIS : *Ada lagi yang bisa saya kerjakan?*
(SECRETARY) (Anything else that I can do?)

TOMO   : *Oh, ya. Tolong buatkan fotokopi berkas*
            ini.
            (Oh yes. Please make copies of these
            pages.)

SEKRETARIS : *Baik, Pak. Apa ada yang lainnya yang*
(SECRETARY) *dapat saya bantu?*
            (Yes, sir. Is there anything else that I
            can help?)

TOMO   : *Tolong telpon isteri saya dan katakan saya*
            pulang terlambat[*] hari ini.
            (Please telephone my wife and tell her that
            I'll be coming home late.)

SEKRETARIS : *Baik, Pak.*
(SECRETARY) (Yes, sir.)

---

[*]*Ter* + *lambat* = *terlambat*, 'to be late'. *Telat* is commonly
used in colloquial speech.

Apa Anda Sudah Lama Bekerja Di Sini?
(Have You Been Working Here Long?)

A : *Apa Anda sudah lama bekerja di sini?*
(Have you been working here long?)

B : *Belum. Saya baru* masuk bulan yang lalu.*
(Not at all. I just started work last month.)

A : *Jadi, Anda pegawai baru di sini, bukan?*
(So you're a new employee here, aren't you?)

B : *Ya, betul. Dan Anda?*
(Yes, you're right. And you?)

A : *Saya sudah lima tahun bekerja di sini.*
(I've been working here for five years.)

B : *Bagaimana perasaan Anda bekerja di sini?*
(How do you like working here?)

A : *Saya senang bekerja di sini.*
(I like to work here.)

B : *Bagaimana gaji di perusahaan ini?*
(How's the salary like in this company?)

A : *Gaji di perusahaan ini juga lebih besar.*
(The salary in this company is higher.)

*Baru, 'just recently". *Barusan*, 'just now'. *Baru*'s first meaning is 'new', 'modern'.

Saya Mau Minta Cuti
(I Want To Take Leave)

A : *Selamat siang, Pak.*
(Good day, sir.)

B : *Selamat siang. Silakan duduk. Ada apa, Ali?*
(Good day. Please sit down. What's the matter, Ali?)

A : *Saya mau minta cuti, Pak.*
(I want to take leave, sir.)

B : *Sudah berapa lama Anda bekerja di sini?*
(How long have you been working here?)

A : *Hampir setahun, Pak.*
(Almost a year.)

B : *Mengapa Anda minta cuti?*
(Why do you ask for leave?)

A : *Saya sakit, Pak. Kesehatan saya kurang baik.*
(I am sick, sir. My health has been affected.)

B : *Kalau begitu Anda tidak perlu meminta cuti. Anda boleh beristirahat karena sakit. Cuti Anda boleh diambil nanti saja.*
(In that case, you don't need to ask for an official leave. You can take a rest because of illness. You can take your leave later.)

A : *Terima kasih, Pak.*
(Thank you, sir.)

217

Saya Harus Menyelesaikan Semua Dokumen Ekspor Ini
(I Must Complete All These Export Documents)

A : *Anda kelihatan sibuk sekali hari ini.*
(You seem to be very busy today.)

B : *Saya agak sibuk hari ini. Saya harus menyelesaikan semua dokumen ekspor ini.*
(Yes, I am very busy today. I must complete all these export documents.)

A : *Apa tidak ada orang lain yang dapat membantu Anda?*
(Is there anyone else who can help you?)

B : *Ada, tetapi pekerjaan ini adalah tugas saya.*
(Yes, there is, but this work is my responsibility.)

A : *Mengapa tergesa-gesa? Apa salahnya terlambat satu dua hari?*
(Why are you in a hurry? What does it matter if it is late by one or two days?)

B : *Salah besar itu. Pekerjaan ini tidak boleh ditunda. Kalau ditunda, jalannya perusahaan akan terganggu.*
(It matters a lot. This work cannot be delayed.
If it is delayed, the running of the company will be affected.)

A : *Anda memang seorang pemimpin usaha yang baik.*
(You're really a good manager.)

Sudahkah Anda Menulis Laporan Rapat?
(Have You Finished Writing
Minutes Of The Meeting?)

SEKRETARIS : *Selamat pagi, Tuan.*
(SECRETARY) (Good morning, sir.)

TUAN BILL : *Selamat pagi. Sudahkah Anda menulis*
(MR. BILL) *laporan rapat?*
(Good morning. Have you finished writing
minutes of the meeting?)

SEKRETARIS : *Sudah, Tuan. Saya sedang mengetiknya.*
(SECRETARY) (Yes, sir. I am typing it.)

TUAN BILL : *Kalau sudah selesai, buatlah dua salinan.*
(MR. BILL) *Satu untuk disimpan dan satu lagi*
dikirimkan kepada Pak Tomo.
(When you have finished, make two copies
of it. One for keeping and the other to be
sent to Mr. Tomo.)

SEKRETARIS : *Baik, Tuan.*
(SECRETARY) (Yes, sir.)

TUAN BILL : *Dan lagi, saya ada urusan penting pagi*
(MR. BILL) *ini. Jangan biarkan orang masuk ke kamar*
saya.
(Also, I have important matters [to do] this
morning. Don't let anyone come into my
room.)

SEKRETARIS : *Baik, Tuan.*
(SECRETARY) (Yes, sir.)

Mengapa Anda Tidak Bekerja?
(Why Aren't You Working?)

A : *Mengapa Anda tidak bekerja?*
(Why aren't you working?)

B : *Saya sedang istirahat.*
(I am resting.)

A : *Apakah sekarang waktu istirahat?*
(Is it time for resting now?)

B : *Ya, sekarang waktu istirahat. Anda tidak istirahat?*
(Yes, it is time for resting. Aren't you going to take a break?)

A : *Tidak, saya tidak sempat beristirahat.*
(No, I have no time to rest.)

B : *Mengapa?*
(Why?)

A : *Saya harus menyelesaikan laporan rapat.*
(I must finish the report of the meeting.)

B : *Anda memang seorang karyawan yang tekun.*
(You are a hard-working employee.)

Apa Yang Sedang Maria Kerjakan?
(What's Maria Doing?)

A : *Apa yang sedang Maria kerjakan?*
   (What's Maria doing?)

B : *Saya tidak tahu. Dia tidak ada di mejanya.*
   (I don't know. She isn't at her desk.)

A : *Mungkin dia sedang minum teh?*
   (May be she's having tea?)

B : *Dia juga tidak ada di ruang* minum. Ada apa, Pak?*
   (She isn't in the tearoom. What's the matter, sir?)

A : *Pak Joko sedang mencari Maria.*
   (Mr. Joko is looking for Maria.)

B : *Oh itu Maria. Dia keluar dari ruang fotokopi.*
   (Oh, that's Maria. She's coming out from the
   photocopy room.)

A : *Oh, ya. Panggil dia. Pak Joko menunggunya di
   ruang rapat.*
   (Oh, yes. Please call her. Mr. Joko is waiting for her
   in the meeting room.)

*Ruang, 'room'. *Ruang* or *ruangan* normally refers to a
spacious room, a hall etc., but when it is modified by other
words, it just means 'room', either big or small.

Bolehkah Saya Bertemu Dengan Bapak ALi?
(May I See Mr. Ali, Please?)

ARIF : *Selamat pagi. Bolehkah saya bertemu dengan*
Bapak Ali?
(Good morning. May I see Mr. Ali, please?)

P : *Apakah sudah ada janji?*
(Do you have an appointment?)

ARIF : *Ya, jam 10.30 [sepuluh tiga puluh].*
(Yes, at half past ten.)

P : *Maaf, siapa nama Bapak?*
(Excuse me, what's your name?)

ARIF : *Arif, nama saya Arif, dari Universitas Indonesia.*
(Arif, my name is Arif, from the University of
Indonesia.)

P : *Oh ya, Bapak Ali sedang menunggu kedatangan*
Bapak. Silakan langsung masuk ke ruang beliau.
(Oh yes, Mr. Ali is waiting for you. Please go
straight to his room.)

Sudah Berapa Kali Anda Lambat?
(How Many Times Have You Been Late?)

SMITH : *Anda lambat lagi pagi ini.*
(You're late again this morning.)

AHMAD : *Ya, Pak, tapi hanya 10 menit.*
(Yes, sir, but only 10 minutes.)

SMITH : *Sudah berapa kali Anda lambat minggu ini?*
(How many times have you been late this week?)

AHMAD : *Hanya tiga kali, Pak.*
(3 times, sir.)

SMITH : *Kenapa Anda selalu lambat?*
(Why are you always late?)

AHMAD : *Rumah saya jauh, Pak.*
(My house is far away.)

SMITH : *Di mana Anda tinggal?*
(Where do you live?)

AHMAD : *Jatinegara.*
(Jatinegara.)

SMITH : *Awas, kalau Anda lambat lagi, Anda akan dipecat.*
(Be careful, if you're late again, you'll be dismissed.)

AHMAD : *Ya, Pak. Saya tidak akan lambat lagi.*
(Thank you, sir. I'll not be late again.)

Dengan Apa Anda Pergi Kerja?
(How Do You Go To Work?)

ASMAH : *Jane, dengan apa Anda pergi kerja?*
(Jane, how do you go to work?)

JANE : *Biasanya saya naik bis.*
(Usually I take a bus.)

ASMAH : *Berapa lama dari rumah Anda ke kantor?*
(How long does it take from your home to the office?)

JANE : *Kira-kira satu jam.*
(About one hour.)

ASMAH : *Kalau Anda terlambat, bagaimana?*
(What if you are late?)

JANE : *Kalau saya terlambat, saya naik taksi.*
(If I am late, I take a taxi.)

ASMAH : *Bukankah naik taksi itu mahal?*
(Isn't it expensive to take a taxi?)

JANE : *Mahal sih* mahal. Tetapi kalau sudah terlambat, saya naik taksi, walaupun mahal.*
(It is expensive. But if I am late, I take a taxi, even though it is expensive.)

---

*Sih is a particle used very often in coversation to indicate various shades of meaning. (1) 'By the way', *Di mana sih, kantornya*: By the way, where is his office; (2) 'May be, . . . but', *Murah sih murah, tapi barangnya bagaimana?*: It may be cheap, but what about the quality; and (3) 'As for', *Makanan sih, sederhana sekali*: As for the food, it's very simple.

17

SHOPPING

Saudara Mau Membeli Apa?
(What Do You Want To Buy?)

AHMAD : *Apa rencana Saudara sore ini?*
(What is your plan for this afternoon?)

BASUKI : *Saya tidak ada rencana.*
(I have no plan at all.)

AHMAD : *Mari kita pergi ke Pusat Perbelanjaan.*
(Let's go to the Shopping Centre.)

BASUKI : *Saudara mau membeli apa?*
(What do you want to buy?)

AHMAD : *Saya belum tahu. Mungkin sehelai kemeja.*
(I don't know yet. Perhaps a shirt.)

BASUKI : *Kita pergi dengan apa?*
(How shall we go there?)

AHMAD : *Bagaimana kalau kita naik taksi saja?*
(Is that all right if we just take a taxi?)

BASUKI : *Naik bis lebih murah. Nah itu bisnya sudah datang. Marilah kita naik.*
(It's cheaper to take a bus. Look, the bus is coming. Come let's take this bus.)

Saya Mau Membeli Kemeja
(I Want To Buy A Shirt)

A : *Selamat sore.*
(Good afternoon.)

B : *Selamat sore, Tuan. Tuan mau membeli apa?*
(Good afternoon, sir. What do you want to buy, sir?)

A : *Saya ingin membeli kemeja.*
(I want to buy a shirt.)

B : *Tuan pakai ukuran berapa?*
(What size is your shirt?)

A : *38 [tiga puluh delapan].*
(38.)

B : *Bagaimana dengan kemeja putih ini?*
(What about this white shirts?)

A : *Berapa harganya?*
(What is the price?)

B : *20.000 [dua puluh ribu] rupiah.*
(20,000 rupiahs.)

A : *Mahal sekali. Tidak boleh kurang sedikit?*
(Why is it so expensive? Can't you reduce a bit?)

B : *Tidak boleh. Itu harga pas. Dan lagi, kemeja itu bagus bahannya.*
(No, I can't. It is a fixed price. Moreover, it is made of good material.)

A : *Baiklah, beri saya dua kemeja putih itu.*
(O.K., give me two of these white shirts.)

Saya Mau Tukar Kacamata
(I Want To Change My Glasses)

Ali : *Selamat pagi, Tuan. Saya mau tukar kacamata saya.*
(Good morning, sir. I want to change my glasses.)

Liem : *Silakan duduk. Apakah Bapak punya surat keterangan dokter?*
(Please sit down. Do you have a letter from the doctor?)

Ali : *Ya, saya punya resep dokter. Ini suratnya. Apakah mata saya tidak perlu dites lagi?*
(Yes, I've the doctor's prescription. Here it is. Do I need to have an eye-test?)

Liem : *Saya kira tidak perlu. Mata Bapak sudah dites oleh dokter. Kacamata yang bagaimana Bapak inginkan?*
(I don't think so. Your eyes have already been tested by the doctor. What kind of glasses do you wish?)

Ali : *Bisa Tuan pilihkan untuk saya?*
(Can you choose for me?)

Liem : *Bagaimana dengan kacamata ini? Gagangnya berwarna emas dan kacanya dari plastik.*
(What about this pair [of glasses]? It has a golden frame and the glasses are made of plastic.)

Ali : *Apakah kacamata ini sesuai untuk saya?*
(Does this pair of glasses suits me?)

Liem : *Kacamata ini cocok untuk Bapak.*
(Yes, it suits you very well.)

228

ALI : *Baiklah. Kapan boleh saya ambil?*
(All right. When can I have them?)

LIEM : *Minggu depan.*
(Next week.)

Saya Mau Beli Pesawat Televisi
(I Want To Buy A TV Set)

NYONYA S : *Pak Majid, saya mau beli pesawat televisi.*
(MRS. S)   *Merek apakah yang paling populer di*
            Jakarta?
            (Mr. Majid, I want to buy a TV set.
            What is the most popular brand in Jakarta?)

MAJID   : *Saya dengar orang Jakarta lebih senang pakai*
           TV merek Arrow atau Lion.
           (I hear that the people of Jakarta like to use
           Arrow or Lion.)

NYONYA S : *Di rumah Pak Majid ada TV?*
(MRS. S)   (Do you have a TV set at home?)

MAJID   : *Ada.*
           (Yes, I have.)

NYONYA S : *Bagaimana TV Pak Majid? Bagus?*
(MRS. S)   (How is your TV? Is it good?)

MAJID   : *TV saya cukup bagus, tetapi tidak tahan*
           lama.
           (My TV set is quite good but it won't last
           long.)

NYONYA S : *TV merek apa yang tahan lama?*
(MRs. S)   (Which brand can last long?)

MAJID   : *TV merek Lion mungkin bisa tahan lama.*
           (A Lion TV set may last longer.)

Saya Ingin Membeli Sepasang Sepatu Kulit
(I Want To Buy A Pair Of Leather Shoes)

A : *Tuan perlu apa?*
(What do you need, sir?)

B : *Saya ingin membeli sepasang* *sepatu kulit.*
(I want to buy a pair of leather shoes.)

A : *Warna apa yang Tuan inginkan?*
(What colour do you want?)

B : *Hitam.*
(Black.)

A : *Tuan pakai sepatu nomor berapa?*
(What size [of shoes] do you wear?)

B : *Kalau saya tidak salah, nomor 50 [lima puluh].*
(If I am not mistaken, 50.)

A : *Cobalah sepatu kulit ini. Mungkin cocok untuk Tuan.*
(Please try this pair. Perhaps it fits you.)

B : *Rasanya sepatu ini cocok juga; tidak kekecilan dan tidak kebesaran. Baiklah, saya beli sepatu ini.*
(This pair [of shoes] suits me all right. It's not too small and not too big. All right, I'll buy this pair.)

Se + pasang = sepasang, 'a pair', 'set'. Please note that *pasang harga* is 'to set the price' and *pasang iklan* is 'to insert an advertisement'.

Berapa Harganya?
(What's The Price?)

A : *Berapa harganya ini?*
(What's the price of this?)

B : *12.000 [dua belas ribu] rupiah, Tuan.*
(12,000 rupiahs.)

A : *Terlalu mahal, Pak.*
(Too expensive.)

B : *Ini sudah murah, Tuan.*
(It's already cheap, sir.)

A : *Bisa 10.000* [sepuluh ribu] rupiah?*
(10,000 rupiahs, okay?)

B : *Tidak bisa, Pak. 11.500 [sebelas ribu lima ratus] rupiah.*
(It can't be, sir. 11,500 rupiahs.)

A : *11.000 [sebelas ribu] rupiah.*
(11,000 rupiahs.)

B : *Baiklah, Tuan, 11.000 [sebelas ribu] rupiah.*
(O.K., sir, 11,000 rupiahs.)

*Please note that in a market place, Chinese loan words of Fujian origins are often used. 10,000 rupiahs may be *capceng* or *ceban*. *Ceng* is one thousand, *ban*, ten thousands, One hundred is *cepek*.

Berapa Harga Kemeja Batik Ini?
(How Much Is This Batik Shirt?)

PELAYAN : *Tuan cari apa?*
(SALESMAN) (What are you looking for, sir?)

DAVID : *Lihat-lihat saja dulu, Pak.*
(Just looking around.)

PELAYAN : *Silakan.*
(SALESMAN) (Please.)

DAVID : *Ada kemeja batik?*
(Do you have batik shirts?)

PELAYAN : *Ada, Tuan.*
(SALESMAN) (Yes, we have, sir.)

DAVID : *Coba lihat dulu, Pak. Berapa harga kemeja batik ini?*
(Please let me see them. How much is this batik shirt?)

PELAYAN : *10.000 [sepuluh ribu] rupiah, Tuan.*
(SALESMAN) *Bahannya bagus.*
(10,000 rupiahs, sir. It's good material.)

DAVID : *Boleh kurang sedikit, Pak?*
(Can you reduce a bit?)

PELAYAN : *Baiklah, untuk Tuan, 9.000 [sembilan ribu]*
(SALESMAN) *saja.*
(All right, for you, just 9,000.)

DAVID : *Baiklah. Saya ambil yang biru itu.*
(O.K. I'll take the blue one.)

Ayo, Neng, Beli Apa?*
(Yes, Miss, Buying Something?)

PENJUAL : *Ayo, Neng, beli apa?*
(Yes, Miss, buying something?)

DINI : *Beras ini berapa, Bah?*
(How are you selling this rice, Bah**?)

PENJUAL : *Seliternya 500 (lima ratus), Neng.*
(One liter is five hundred rupiahs, Miss.)

DINI : *Gula ini berapa?*
(How much are you selling this sugar?)

PENJUAL : *Sekarang 800 (delapan ratus), Neng.*
(Now it is eight hundred rupiahs.)

DINI : *Daging sapi ini berapa?*
(How much is this beef?)

PENJUAL : *Hanya 5.000 (lima ribu), Neng.*
(Just five thousand, Miss.)

DINI : *Mengapa sih, harga barang-barang semua naik?*
(Why do you raise the prices of all goods?)

PENJUAL : *Karena inflasi.*
(Because of inflation.)

*Neng, is a polite form of address to a young woman used mainly in West Jawa.

**Bah, abbreviated from *Babah*, is a form of address used by Indonesians to address an elderly Chinese man.

18

AMONG FRIENDS

Apakah Saudara Sibuk?*
(Are You Busy?)

ABDULLAH : *Apa kabar Saudara?*
(How are you?)

BASIR : *Baik, terima kasih. Dan Saudara?*
(Fine, thank you. And you?)

ABDULLAH : *Baik, terima kasih.*
(Fine, thank you.)

BASIR : *Apakah Saudara sibuk?*
(Are you busy?)

ABDULLAH : *Tidak, saya tidak sibuk. Ada apa?*
(No, I am not. What's the matter?)

BASIR : *Saya ingin ajak Saudara pergi jalan-jalan.*
(I'd like to go for a walk with you.)

ABDULLAH : *Baiklah, tunggu saya ganti pakaian dulu.*
(O.K., wait for me to change my clothes first.)

As all the dialogues in this section, including this one, are supposed to have taken place among intimate friends, *Saudara* and *Anda* in the dialogues can be replaced by a second-person pronoun like *kamu* or *engkau*, which is often shortened to *kau*.

Saya Ingin Mengundang Anda
(I Wish To Invite You)

A : *Saya ingin mengundang Anda ke pesta ulang tahun saya.*
(I wish to invite you to my birthday party.)

B : *Kapan?*
(When is it?)

A : *Malam Minggu*.*
(On Saturday evening.)

B : *Terima kasih atas undangan Anda. Menyesal sekali saya tidak bisa datang.*
(Thank you for your invitation. I am sorry I can't come.)

A : *Mengapa tidak bisa datang?*
(Why can't you come?)

B : *Saya ada keperluan.*
(I have something on.)

A : *Datanglah, kalau keperluan Anda sudah selesai.*
(Please come, when you've finished your business.)

B : *Akan saya usahakan.*
(I'll try.)

*Malam Minggu, 'Saturday evening' is also *Sabtu Malam* .

Selamat Ulang Tahun
(Happy Birthday)

MARY : *Selamat ulang tahun, Nani.*
(Happy birthday, Nani.)

NANI : *Terima kasih.*
(Thank you.)

MARY : *Berapa umur Anda sekarang?*
(How old are you?)

NANI : *17 [tujuh belas] tahun. Dan Anda?*
(17. And you?)

MARY : *Umur saya 16 [enam belas] tahun.*
(I am 16 years old.)

NANI : *Kalau begitu, Anda satu tahun lebih muda dari saya.*
(You are one year younger than me.)

MARY : *Betul, Anda satu tahun lebih tua dari saya.*
(Yes, you are one year older than me.)

Bagaimana Pesta Perkawinan Itu?
(How Was The Wedding Ceremony?)

A : *Bagaimana pesta perkawinan itu?*
(How was the wedding ceremony?)

B : *Pesta perkawinan itu meriah sekali.*
(The wedding ceremony was very grand.)

A : *Bagaimana teman Saudara?*
(How was your friend?)

B : *Dia bahagia sekali.*
(He was very happy.)

A : *Bagaimana isteri teman Saudara?*
(How was your friend's wife?)

B : *Oh, dia cantik sekali.*
(Oh, she was beautiful.)

A : *Apakah mereka pergi berbulan madu?*
(Were they going for their honey-moon?)

B : *Tentu saja. Setelah pesta perkawinan selesai, mereka langsung terbang ke Singapura untuk berbulan madu.*
(Of course. Immediately after the ceremony, they flew to Singapore for their honey-moon.)

A : *Berbahagialah orang yang mendirikan** *rumahtangga.*
(Lucky are those who get married.)

**Mendirikan keluarga,* 'to establish a family'. Please note that *diri* means 'self', 'oneself', *berdiri,* 'to stand' and *pendirian* is 'standpoint'.

Mengapa Anda Tidak Datang?
(Why Didn't You Come?)

A : *Mengapa Anda tidak datang ke pesta kemarin?*
(Why didn't you come to the party yesterday?)

B : *Maaf, kemarin saya harus pergi ke kantor polisi*.*
(Because I had to go to the police station.)

A : *Untuk apa?*
(What for?)

B : *Untuk membuat laporan.*
(To make a report.)

A : *Apa yang sudah terjadi?*
(What happened?)

B : *Mobil saya hilang dicuri orang di rumah.*
(My car was stolen from [my] house.)

A : *Apakah Anda tidak memakainya ke kantor?*
(Didn't you drive it to the office?)

B : *Tidak, saya pikir naik bis lebih murah.*
(No, I thought it was cheaper to take a bus.)

**Polisi, 'police'. Please note that *polisi* in Malay is 'policy'.

Apakah Pak Karim Masih Tinggal Di Sini?
(Is Mr. Karim Still Living At This House?)

A : *Selamat siang.*
(Good morning.)

B : *Selamat siang.*
(Good morning.)

A : *Apakah rumah ini Jalan Yunus nomor 10 [sepuluh]?*
(Is this house Nomor 10 Jalan Yunus?)

B : *Betul.*
(Yes.)

A : *Apakah Pak Karim masih tinggal di rumah ini?*
(Does Mr. Karim live at this house?)

B : *Pak Karim yang mana?*
(Which Mr. Karim?)

A : *Pak Karim yang menjadi guru bahasa Indonesia itu.*
(Mr. Karim, the Indonesian language teacher.)

B : *Oh Pak Karim Kassim. Dia masih tinggal di sini tetapi dia tidak ada di rumah. Dia sedang keluar.*
(Oh, Mr. Karim Kassim. He is still living here but he is not in. He's out [at the moment].)

Apakah Anda Ada Di Rumah Besok Sore?
(Will You Be At Home Tomorrow Evening?)

ATI   : *Halo?*
         (Hallo?)

BUDI   : *Halo Ati, apakah Anda ada di rumah besok sore?*
         (Hallo Ati, will you be at home tomorrow
         evening?)

ATI   : *Saya ada di rumah kira-kira jam 6.30* [enam
         tiga puluh]. Ada apa?*
         (I'll be at home at about 6.30 p.m. What's up?)

BUDI   : *Saya ingin mengajak Anda ke rumah Wati.
         Dia merayakan hari ulang tahunnya.*
         (I want to invite you to Wati's house. She's
         celebrating her birthday.)

ATI   : *Jam berapa pesta dimulai?*
         (When will the celebration begin?)

BUDI   : *Jam 7.00 [tujuh].*
         (7.00 p.m.)

ATI   : *Saya akan berusaha siap sebelum jam 7.00
         [tujuh].*
         (I'll get ready before 7.00 p.m.)

BUDI   : *Baik. Sampai jumpa besok.*
         (All right. See you tomorrow.)

**6.30* is also *setengah tujuh.*

242

Inilah Keadaan Rumah Saya
(This Is The Condition Of My House)

A : *Inilah rumah saya.*
(This is how my house looks.)

B : *Bagus juga, Tut. Anda tinggal dengan siapa di sini?*
(It's nice too, Tut. Whom are you living with here?)

A : *Dengan kakak dan adik perempuan.*
(With my sisters.)

B : *Di mana orang tua* Anda?*
(Where are your parents?)

A : *Orang tua saya tinggal di Jawa Tengah. Anda masih tinggal di Salemba?*
(My parents live in Central Java. Are you still staying at Salemba?)

B : *Tidak. Sekarang saya tinggal di Jalan Daksinapati II, nomor 5 [lima].*
(No. Now I live at Daksinapati II, No. 5.)

A : *Nah, ini adik saya, Sari. Silakan minum.*
(Well, this is my younger sister, Sari. Please take your drink.)

B : *Terima kasih.*
(Thank you.)

*Orang tua, 'an old man' is here used in the sense of 'one's parents'.

Saudara Mau Minum Apa?
(What Would You Like To Drink?)

AMAN : *Selamat sore, Saudara Basuki.*
(Good afternoon, Mr. Basuki.)

BASUKI : *Selamat sore. Oh, Saudara Aman. Silakan masuk.*
(Good afternoon, Mr. Aman. Please come in.)

AMAN : *Terima kasih.*
(Thank you.)

BASUKI : *Saudara mau minum apa? Teh atau kopi?*
(What would you like to drink? Tea or coffee?)

AMAN : *Kopi saja.*
(Coffee, is fine.)

BASUKI : *Pakai gula dan susu?*
(Do you take sugar and milk?)

AMAN : *Pakai gula saja, tanpa susu. Terima kasih.*
(Only sugar, no milk. Thank you.)

Saya Permisi Dulu
(May I Ask Your Permission?)

A : *Maaf, permisi dulu. Saya harus cepat pulang.*
(Excuse me. May I ask to leave? I really must be going now.)

B : *Tapi Anda baru saja datang. Tidak dapatkah Anda tinggal agak lama sedikit?*
(But you have just come. Can't you stay a little longer?)

A : *Maunya demikian, tetapi saya harus ada di rumah siang ini. Saya ditunggu teman.*
(I wish I could, but I have to be home by noon. My friend is waiting for me.)

B : *Oh, sayang sekali.*
(Oh, what a pity.)

A : *Terima kasih atas keramahan Anda.*
(Thank you very much for your hospitality.)

B : *Terima kasih atas kedatangan Anda.*
(Thank you for your visit.)

Anda Terlambat Lagi
(You Are Late Again)

A : *Anda terlambat lagi kali ini. Apa yang terjadi?*
(You are late again this time. What has happened?)

B : *Saya naik bis ke sini. Tiba-tiba bis itu mogok di jalan.*
(I took a bus to come here. Suddenly the bus broke down.)

A : *Kenapa tidak naik taksi?*
(Why didn't you take a taxi?)

B : *Saya mencari taksi, tetapi tidak ada yang kosong.*
(I looked for a taxi but all the taxis were full.)

A : *Apa yang Anda lakukan kemudian?*
(What did you do then?)

B : *Akhirnya sebuah taksi yang ada penumpangnya berhenti dan membawa saya ke sini.*
(At last, a taxi with a passenger in it stopped and brought me here.)

A : *Untung penumpangnya tidak keberatan.*
(Fortunately, the passenger did not object.)

B : *Kalau tidak, saya mungkin tidak bisa datang.*
(Or else I'd not be able to come at all.)

Kapan Kita Bisa Bertemu?
(When Can We Meet?)

LEO : *Saya Leo dari Jakarta.*
(I am Leo from Jakarta.)

KAMAL : *Halo, Pak Leo. Kapan sampai?*
(Hallo, Mr. Leo. When did you arrive?)

LEO : *Baru tadi pagi saya sampai. Saya ingin bertemu dengan Bapak. Kapankah kita bisa bertemu?*
(I just arrived this morning. I want to see you. When can we meet?)

KAMAL : *Kapan saja, Pak. Apakah sore ini, Bapak ada waktu?*
(Any time. Are you free this evening?)

LEO : *Oh, sore ini saya tidak ada acara*.*
(Oh, I have nothing on this evening.)

KAMAL : *Baiklah. Sore ini kita akan bertemu.*
(O.K. This evening we meet.)

LEO : *Sampai nanti sore, Pak.*
(Till this evening then.)

KAMAL : *Terima Kasih.*
(Thank you.)

LEO : *Kembali.*
(Same to you.)

Acara, 'programme', 'agenda'. *Rencana*, 'plan', 'schedule', is often used as a synonym of *acara*. Please note that *pengacara* means 'lawyer'.

Kenalan Kita Sudah Meninggal
(Our Acquaintance Has Passed Away)

DANIEL : *Selamat malam, Pak.*
(Good evening, sir.)

JOHN : *Selamat malam. Apakah Bapak sudah tahu?*
(Good evening. Have you heard?)

DANIEL : *Tentang apa, Pak?*
(About what?)

JOHN : *Pak Ramli, kenalan kita, sudah meninggal dunia.*
(Mr. Ramli, our acquaintance, has passed away.)

DANIEL : *Kapan, Pak?*
(When did that happen?)

JOHN : *Tadi sore.*
(Just this evening.)

DANIEL : *Kenapa, Pak.*
(What happened?)

JOHN : *Kecelakaan lalu-lintas.*
(A traffic accident.)

DANIEL : *Kasihan keluarganya.*
(I pity his family.)

JOHN : *Marilah kita melawat ke sana untuk menyatakan belasungkawa*.*
(Come, let's pay a visit to the deceased and express our condolence.)

Belasungkawa, 'condolence'. *Takziah* is its synonym in Malay.

248

19

ONE'S EXPERIENCE

Pernahkah Saudara Tinggal Di Jakarta?
(Have You Ever Lived In Jakarta?)

A : *Pernahkah Saudara tinggal di Jakarta?*
(Have you ever lived in Jakarta?)

B : *Pernah, setahun yang lalu.*
(Yes, a year ago.)

A : *Di Jakarta Saudara tinggal di mana?*
(Where did you stay in Jakarta?)

B : *Saya tinggal di Hotel Indonesia.*
(I stayed at the Hotel Indonesia.)

A : *Hotel Indonesia itu di mana?*
(Where is the Hotel Indonesia?)

B : *Di Jalan Thamrin.*
(At Jalan Thamrin.)

A : *Bagaimana sewa kamarnya?*
(What is the room rate?)

B : *Lumayan, tidak terlalu mahal, juga tidak terlalu murah.*
(Quite all right, not too expensive, and not too cheap either.)

Berapa Lama Saudara Tinggal Di Jakarta?
(How Long Did You Stay In Jakarta?)

A : *Berapa lama Saudara tinggal di Jakarta?*
(How long did you stay in Jakarta?)

B : *Satu tahun.*
(One year.)

A : *Apa yang Saudara lakukan di Jakarta?*
(What were you doing in Jakarta.)

B : *Saya belajar.*
(I were studying.)

A : *Saudara belajar apa di Jakarta?*
(What did you study at Jakarta?)

B : *Saya belajar bahasa Indonesia di Universitas Indonesia.*
(I studied Indonesian at the University of Indonesia.)

A : *Ada kursus bahasa Indonesia untuk orang asing?*
(Is there an Indonesian language course for foreigners?)

B : *Ada. Banyak pelajar asing yang mengikuti kursus bahasa Indonesia di Universitas Indonesia.*
(Yes. Many foreign students follow an Indonesian language course at the University of Indonesia.)

Berapa Lama Saudara Tinggal Di Indonesia?
(How Long Did You Live At Indonesia?)

A : *Berapa lama Saudara tinggal di Indonesia?*
(How long did you live at Indonesia?)

B : *Dari tahun 1960 [sembilan belas enam puluh] sampai*
1965 [sembilan belas enam puluh lima].
(From 1960 to 1965.)

A : *Di kota mana Saudara tinggal?*
(In which city did you live?)

B : *Saya tinggal di Jakarta.*
(I lived in Jakarta.)

A : *Saudara bekerja di mana?*
(Where were you working?)

B : *Saya tidak bekerja. Saya belajar.*
(I was not working. I was studying.)

A : *Apa yang Saudara pelajari?*
(What did you study?)

B : *Saya belajar bahasa, sastera dan kebudayaan*
Indonesia di Universitas Indonesia, di Jakarta.
(I studied Indonesian language, literature and culture
at the University of Indonesia in Jakarta.)

Bisakah Bapak Mencarikan Tukang Reparasi?
(Can You Find A Repairer?)

JOHNSON : *Pak Ibrahim, AC di rumah saya sudah rusak.*
Bisakah bapak mencarikan tukang reparasi?
(Mr. Ibrahim, the Air-Con in my house has
broken down. Can you find someone to repair
it?)

IBRAHIM : *Bisa saja. AC yang manakah yang rusak itu,*
Tuan?
(Certainly. Which Air-Con, sir?)

JOHNSON : *AC yang di kamar tidur saya.*
(The Air-Con in my bedroom.)

IBRAHIM : *Sudah berapa lama Tuan pasang AC itu?*
(How long have you had the Air-Con?)

JOHNSON : *Baru setahun.*
(Just one year.)

IBRAHIM : *Kalau begitu masih dalam tanggungan kartu*
garansi. Apakah Tuan punya kartu garansi?
(It must still be under guarantee. Do you have
a guarantee card?)

JOHNSON : *Ya, saya punya kartu garansi.*
(Yes, I do have a guarantee card.)

IBRAHIM : *Kalau begitu, mudah sekali. Segera akan*
saya telpon tukang reparasinya.
(In that case, it's simple. I'll phone the repair
agent immediately.)

Mobil Saya Mogok
(My Car's Stalled)

EDMUND : *Selamat sore, Pak.*
(Good evening, sir.)

SALIM : *Ya, Tuan.*
(Yes, sir.)

EDMUND : *Mobil saya mogok*. Bisa Bapak tolong?*
(My car's stalled. Can you help me?)

SALIM : *Apakah bensinnya masih ada?*
([Do you] still have petrol?)

EDMUND : *Bensinnya masih banyak.*
(There's lots of petrol.)

SALIM : *Boleh saya lihat mesinnya?*
(May I see the engine?)

EDMUND : *Silakan. Mari saya buka kapnya.*
(Please do. I'll open the bonnet.)

SALIM : *Oh, businya sudah mati, Tuan. Mari saya ganti businya.*
(The starting plugs are dead. Let me change them for you.)

EDMUND : *Terima kasih, Pak.*
(Thank you so much, sir.)

Mogok, 'stall', 'breakdown'. *Mogok* also means 'strike', *mogok makan* is 'hunger strike'.

Ramly Mendapat Kecelakaan
(Ramly Had A Traffic Accident)

VICTOR : *Anda sudah dengar atau belum, William?*
(Have you heard or not, William?)

WILLIAM : *Mengenai* apa, ya?*
(About what?)

VICTOR : *Ramly mendapat kecelakaan di jalan raya.*
(Ramly had a traffic accident.)

WILLIAM : *Di mana kecelakaan itu terjadi?*
(When did the accident happen?)

VICTOR : *Saya dengar, kecelakaan itu terjadi di Jalan Jenderal Sudirman.*
(I heard that the accident occurred at Jalan Jenderal Sudirman.)

WILLIAM : *Bagaimana kecelakaan itu bisa terjadi?*
(How did the accident occur?)

VICTOR : *Mobilnya ditabrak dari belakang oleh bis kota.*
(His car was hit from the back by a city bus.)

WILLIAM : *Bagaimana dia sekarang?*
(How is he now?)

VICTOR : *Sekarang dia di rumah sakit.*
(He's now in hospital.)

Meng + kena + i = mengenai, 'concerning', 'about'. In this sense it can be used as a synonym of *tentang*, 'about', 'regarding'. Please note that *kena* also means 'struck', 'affected'. *Kena hujan*, 'caught in the rain'; *kena pajak*, 'subject to tax', 'taxable'.

Saya Mau Laporkan Kehilangan Mobil Saya
(I Wish To Report The Theft Of My Car)

JOHN : *Selamat pagi, Pak.*
(Good morning, sir.)

POLISI : *Selamat pagi. Apakah yang dapat kami*
(POLICE) *bantu?*
(Good morning. What can we do for you?)

JOHN : *Saya mau laporkan kehilangan* mobil saya*
tadi malam.
(I wish to report the theft of my car last
night.)

POLISI : *Kehilangan mobil? Baiklah. Siapa nama*
(POLICE) *Tuan?*
(Car stolen? All right. What's your name?)

JOHN : *Nama saya John Jackson.*
(My name is John Jackson.)

POLISI : *Di manakah alamat tuan?*
(POLICE) (What's your address?)

JOHN : *Saya tinggal di Jalan Limau Purut, nomor*
138 [satu-tiga-delapan], Pasar Minggu.
(I live at 138, Jalan Limau Purut, Pasar
Minggu.)

POLISI : *Ada nomor telpon?*
(POLICE) (Are you on the phone?)

JOHN : *Ada, Pak. Nomornya 445577 [empat-empat-*
lima-lima-tujuh-tujuh].
(Yes, sir. The phone number is 445577.)

*Ke + *hilang* + *an* = *kehilangan*, 'to suffer from a loss'. When your car was stolen, you can say: *Saya kehilangan mobil* or *Mobil saya hilang*.

Dapatkah Tuan Memberikan Identitas Mobil Tuan?
(Can You Give Us The Details Of Your Car)

POLISI
(POLICE)
: *Dapatkah Tuan memberikan identitas mobil Tuan?*
(Can you give us the details of your car?)

JOHN
: *Mobil saya mereknya Suzuki 1980 [sembilan belas lapan puluh], 800 [lapan ratus] cc. Warna biru tua, ban baru merek Good Year.*
(My car is a Suzuki 1980, 800 cc. It's grey in colour, with new Good Year tyres.)

POLISI
(POLICE)
: *Tuan tahu mobil itu hilang jam berapa?*
(When did you know that your car was missing?)

JOHN
: *Tadi pagi, pembantu saya memberitahu hal itu.*
(This morning, my servant reported it.)

POLISI
(POLICE)
: *Apakah mobil itu masih ada kemarin sore?*
(Was the car still there last night?)

JOHN
: *Masih Pak. Bahkan tadi malam jam 11.00 [sebelas] masih ada.*
(Yes, sir. It was still there at 11.00 p.m. last night.)

POLISI
(POLICE)
: *Baiklah, Tuan Jackson. Kami akan segera mencari mobil tuan. Kalau ada sesuatu perkembangan nanti akan kami telpon.*
(All right, Mr. Jackson. We'll look for your car immediately. If there is any development, we'll telephone you.)

JOHN
: *Terima kasih, Pak.*
(Thank you, sir.)

Saya Kecopetan Tadi
(My Purse Was Stolen)

MERRY : *Selamat sore, Pak.*
(Good evening, sir.)

POLISI : *Selamat sore. Tenanglah, Bu. Apa yang dapat*
(POLICE) *kami bantu?*
(Good evening. Be calm, Ma'am. What can we
help you?)

MERRY : *Ya, Pak. Saya kecopetan tadi.*
(Yes, sir. My purse was stolen.)

POLISI : *Kapan peristiwa itu terjadi?*
(POLICE) (When did the incident happen?)

MERRY : *Tadi pagi saya naik bis kota, jurusan Grogol*
ke Kampung Melayu.
(This morning, I took a city bus from Grogol
to Kampung Melayu.)

POLISI : *Lalu?*
(POLICE) (And then?)

MERRY : *Bis itu penuh, sehingga saya tidak bisa duduk.*
Saya berdiri terus. Tiba-tiba saya rasa tas
saya dibuka orang dan dompet saya hilang.
(The bus was full, so that I couldn't sit down.
I stood all the way. Suddenly, I felt my bag
was open and my purse gone.)

POLISI : *Berapakah uang yang ada di dalam dompet*
(POLICE) *itu?*
(How much money was it in the purse?)

MERRY : *100.000 [seratus ribu] rupiah.*
(100,000 rupiahs.)

259

POLISI   : *Bersabarlah, Bu. Kami akan coba mencari*
(POLICE)   *pencopet itu.*
            (Be calm, Ma'am. We'll try to find the pick-
            pocket.)

MERRY   : *Terima kasih, Pak.*
            (Thank you, sir.)

Jam Berapa Perampokan Itu Terjadi?
(When Did The Robbery Happen?)

Polisi : *Jam berapa perampokan itu terjadi?*
(POLICE) (When did the robbery happen?)

SIGMUND : *Perampokan itu terjadi kira-kira jam 11.30*
[setengah dua belas] malam.
(The robbery took place at about 11.30 p.m.)

POLISI : *Dari mana perampok itu masuk?*
(POLICE) (From where did the robber enter the house?)

SIGMUND : *Mereka masuk di sini, Pak. Kaca pintu dan*
jendela dipecahkannya.
(They entered from here, sir. The glass door
and windows are broken.)

POLISI : *Apa saja barang-barang yang hilang?*
(POLICE) (What articles have been stolen?)

SIGMUND : *Lemari kami dibongkarnya. Perhiasan isteri*
saya habis.
(Our cupboard was ransacked. My wife's
jewelry were all gone.)

POLISI : *Ada uang kontan* yang hilang?*
(POLICE) (Any cash stolen?)

SIGMUND : *Tidak ada, Pak. Kami tidak biasa simpan uang*
di rumah.
(No, sir. We usually do not keep money at
home.)

POLISI : *Baiklah. Kami akan memburu perampok itu*
(POLICE) *secepat mungkin.*
(All right. We'll hunt the robber as soon as
possible.)

SIGMUND : *Terima kasih, Pak.*
(Thank you, sir.)

Uang kontan, 'cash'. It is interchangeable with *uang tunai* and *membayar kontan* or *tunai* is 'to pay in cash'. Please note that *kontan* also means 'immediately' as in *Dia minum obat dan kontan mati*: She drank medicine and died immediately.

Apa Yang Menarik Di Singapura?
(What's Interesting In Singapore?)

DAVID : *Liburan tahun ini, Anda hendak ke mana?*
(For this year's vacation, where do you intend to go?)

SUJONO : *Mungkin kami ke Singapura. Pernahkah Anda ke Singapura?*
(We may go to Singapore. Have you been to Singapore?)

DAVID : *Saya sudah dua kali ke Singapura.*
(I've been to Singapore twice already.)

SUJONO : *Apa yang menarik di Singapura?*
(What's interesting in Singapore?)

DAVID : *Singapura merupakan tempat berbelanja yang baik. Banyak sekali pusat pertokoan di Singapura.*
(Singapore is a good shopping place.
There are many shopping centres in Singapore.)

SUJONO : *Apa di Singapura ada juga tempat pelancongan yang menarik?*
(Are there any tourist attractions in Singapore?)

DAVID : *Ada juga, misalnya Taman Burung Jurong, Taman Minyak Macan dan lain-lain.*
(Yes, there are, for example, Jurong Bird Park, Tiger Balm Garden and others.)

SUJONO : *Saya mesti ke Singapura liburan tahun ini.*
(I must go to Singapore this vacation.)

Kapan Ayah Dan Ibumu Bercerai?
(When Did Your Father and Mother Separate?)

MBAK* SRI : *Sudah berapa umurmu sekarang, Yanti?*
(How old are you now, Yanti?)

YANTI : *Tujuh belas.*
(Seventeen.)

MBAK SRI : *Kapan ayah dan ibumu bercerai?*
(When did you father and mother separate?)

YANTI : *Saya tak begitu ingat lagi.*
(I don't quite remember it now.)

MBAK SRI : *Apa ayahmu kawin lagi?*
(Did you father re-marry?)

YANTI : *Ya, Ayah segera kawin dengan ibuku yang*
sekarang sesuah ibu meninggalkan kami.
(Yes, father married my present mother
immediately after my mother left us.)

MBAK SRI : *Apa kamu bahagia?*
(Are you happy?)

YANTI : *Tidak, saya selalu tinggal di rumah dan*
bermain di belakang dapur.
(No, I am always alone and play with myself
[alone] at the back of the kitchen.)

Mbak or *mbakyu*, is a term used by a Javanese woman to
address someone who is older than herself. Please note that
kamu is often shortened to *-mu* when attached to a noun in
front of it, as in *umurmu* (your age).

20

TOURIST ATTRACTION IN INDONESIA, ETC.

Kota-Kota Mana Yang Sudah Anda Kunjungi?
(What Cities Have You Visited So Far?)

A : *Apa Anda sudah lama tinggal di Indonesia?*
(Have you been living long in Indonesia?)

B : *Baru 8 [delapan] bulan.*
(Just 8 months.)

A : *Kota-kota mana saja yang sudah Anda kunjungi?*
(What cities have you visited so far?)

B : *Baru Jakarta dan Bandung.*
(Just Jakarta and Bandung.)

A : *Bagaimana pendapat* Anda tentang Bandung?*
(What do you think of Bandung?)

B : *Saya senang sekali dengan Bandung. Hawanya sejuk dan kotanya indah.*
(Oh, I like Bandung very much. The weather is cool and the city is beautiful.)

A : *Apakah Anda tidak ingin melihat Bali?*
(Don't you intend to visit Bali?)

B : *Tentu saja. Hanya waktunya belum ada.*
(Of course. But I don't have time yet.)

Pen + dapat = pendapat, 'opinion'. Please note that *dapat malu* is 'to lose face', *dapat tahu*, 'to find out' and *pendapatan* is 'income', 'earnings'.

266

Apa Yang Dapat Dilihat Di Jakarta?
(What Can Be Seen In Jakarta?)

A : *Apa yang dapat dilihat di Jakarta?*
(What did you see in Jakarta?)

B : *Banyak sekali. Di Jakarta banyak sekali yang menarik.*
(Many things. There are so many interesting things in Jakarta.)

A : *Apakah yang paling menarik buat Saudara?*
(What is the most interesting thing [place] for you?)

B : *Museum Pusat.*
(The Central Muzeum.)

A : *Apa yang dapat dilihat di Museum Pusat?*
(What can you see at the Central Museum?)

B : *Patung-patung dan barang-barang kuno.*
(Statues and antiques.)

A : *Cuma itu saja?*
(Only those things?)

B : *Tidak, masih banyak lagi yang bisa dilihat di Museum.*
(No, there are lots of things to be seen in the museum.)

Bisakah Anda Berbicara Sedikit Tentang . . . ?
(Can You Talk Something About . . . ?)

A : *Tahukah Anda di mana gedung Perpustakaan Nasional yang baru?*
(Do you know where the new National Library building is?)

B : *Tahu. Di Salemba.*
(Yes, it's at Salemba.)

A : *Bisakah Anda berbicara sedikit tentang Perpustakaan Nasional itu?*
(Can you talk a little about the National Library?)

B : *Tentu saja.*
(Certainly.)

A : *Ada berapa buku di perpustakaan itu?*
(How many books are there in the library?)

B : *Entahlah, beribu-ribu.*
(I don't know. Thousands of books.)

A : *Buku yang bagaimanakah yang disimpan di perpustakaan itu?*
(What kind of books are kept in that library?)

B : *Bermacam-macam, tetapi kebanyakan buku tentang pengkajian Indonesia.*
(All sorts, but mostly books on Indonesian studies.)

A : *Itu saja pertanyaan saya. Terima kasih.*
(That's all. Thank you.)

Adakah Tempat Yang Menarik Di Yogya?
(Are There Many Interesting Places In Yogya?)

ALEX : *Pak Joko, adakah tempat yang menarik di Yogya?*
(Mr. Joko, are there many interesting places [to see] in Yogya?)

JOKO : *Tempat yang menarik di Yogya banyak sekali, misalnya Candi Borobudur.*
(There are many interesting places in Yogya, for example Borobudur Temple.)

ALEX : *Candi Borobudur?*
(Borobudur Temple?)

JOKO : *Ya, Candi Borobudur. Candi Borobudur adalah salah satu candi yang terindah di dunia.*
(Yes, Borobudur Temple. It's one of the most beautiful temples in the world.)

ALEX : *Ada lagi?*
(What else?)

JOKO : *Di samping Candi Borobudur, kraton juga patut dikunjungi.*
(Besides Borobudur, the 'kraton' is worth visiting too.)

ALEX : *Apa itu kraton, Pak?*
(What's the 'kraton', sir?)

JOKO : *Kraton ialah istana dalam bahasa Indonesia. Di kraton kita dapat melihat keagungan raja-raja Jawa zaman dahulu kala.*
('Kraton' means palace in Indonesian. At the palace we can witness the glories of Javanese kings in

former times.)

ALEX : *Terima kasih atas keterangan Bapak.*
(Thank you for your information, sir.)

Sudahkah Saudara Pergi Ke . . . ?
(Have You Been To . . . ?)

A : *Sudahkah Saudara pergi ke Taman Mini Indonesia Indah?*
(Have you been to 'Taman Mini Indonesia Indah'?)

B : *Belum. Apa yang bisa dilihat di sana?*
(Not yet. What can you see there?)

A : *Di Taman Mini Indonesia Indah kita bisa melihat bentuk rumah adat yang bermacam-macam.*
(At 'Taman Mini Indonesia Indah' we can see all kinds of traditional houses?)

B : *Dari mana asalnya rumah itu?*
(Where did all the houses come from?)

A : *Rumah adat berasal dari seluruh daerah di Indonesia.*
(The traditional houses came from all parts of Indonesia.)

B : *Indahkah Taman Mini Indonesia Indah itu?*
(Is 'Taman Mini Indonesia Indah' beautiful?)

A : *Taman itu indah sekali. Maukah Saudara pergi ke sana?*
('Taman Mini' is very beautiful. Would you like to go there?)

B : *Tentu saja. Kalau Saudara pergi, ajaklah saya.*
(Of course. If you go, please ask me to come along.)

Saudara Pergi Dengan Kereta Api?
(Are You Going By Train?)

A : *Saudara mau pergi ke mana?*
(Where are you going to?)

B : *Saya mau pergi ke Bandung.*
(I am going to Bandung.)

A : *Saudara pergi dengan kereta api?*
(Are you going by train?)

B : *Tidak, saya naik bis.*
(No, by bus.)

A : *Mengapa tidak naik pesawat terbang?*
(Why don't you go by aeroplane?)

B : *Saya tidak ada uang untuk naik pesawat terbang.*
(I have no money to go by aeroplane.)

A : *Saudara pergi ke Bandung untuk apa?*
(Why are you going to Bandung.)

B : *Saya ke Bandung untuk menghadiri perkawinan teman saya.*
(To attend my friend's wedding.)

A : *Selamat jalan.*
(Good-bye [lit. travel safely].)

Kereta Api Apakah Yang Bapak Mau?
(What Type Of Train Do You Prefer?)

JOHN : *Pak Tukiman, saya mau pergi ke Yogya dengan kereta api. Bisa Bapak bantu carikan karcis?*
(Mr. Tukiman, I want to go to Yogya by train. Can you help me to get the ticket?)

TUKIMAN : *Kapan Bapak mau berangkat?*
(When do you want to leave?)

JOHN : *Saya mau berangkat malam ini.*
(I want to leave tonight.)

TUKIMAN : *Kereta api apakah yang Bapak mau?*
(What type of train do you prefer?)

JOHN : *Saya mau naik Bima Ekspres. Bagaimana menurut Pak Tukiman?*
(I want to take the Bima Express. What do you think, Mr. Tukiman?)

TUKIMAN : *Bima Ekspres enak sekali, Pak. Bisa tidur. Di dalamnya ada restoran.*
(The Bima Express is very comfortable. [You can] sleep on it. There is a restaurant in it.)

JOHN : *Baiklah. Ini uang untuk karcisnya.*
(O.K. This is the money for buying the ticket.)

TUKIMAN : *Ya, Pak. Sekarang juga saya ke setasiun.*
(Yes, sir. I'll go to the railway station now.)

Saudara Sedang Apa?
(What Are You Doing?)

A : *Saudara sedang apa?*
(What are you doing?)

B : *Saya sedang membaca sebuah novel Indonesia.*
(I am reading an Indonesian novel.)

A : *Oh, Saudara sudah pandai berbahasa Indonesia.*
(Oh, you know the Indonesian language?)

B : *Belum. Saya masih belum bisa membaca novel dalam bahasa Indonesia.*
(No. I can't read novels in Indonesian yet.)

A : *Jadi, Saudara membaca terjemahannya?*
(So, you are reading a translation?)

B : *Betul, saya membaca novel itu dalam terjemahan Inggerisnya.*
(Yes, I am reading the novel in English translation.)

A : *Apa nama novel itu?*
(What is the name of the novel?)

B : *'Jalan Tak Ada Ujung'.*
('A Road With No End'.)

A : *Siapa pengarangnya?*
(Who is the author?)

B : *Mochtar Lubis.*
(Mochtar Lubis.)

Ada Berapa Surat Kabar Di Jakarta?
(How Many Newspaper Are There In Jakarta?)

ABDULLAH : *Bahri, ada berapa surat kabar di Jakarta?*
(Bahri, how many newspaper are there in Jakarta?)

BAHRI : *Ada lebih dari sepuluh surat kabar.*
(There are more than ten newspapers.)

ABDULLAH : *Surat kabar apa yang paling menarik bagi Anda?*
(Which is the most interesting newspaper according to you?)

BAHRI : *Ada dua surat kabar yang saya sukai.*
(There are two newspapers which I like.)

ABDULLAH : *Surat kabar apa itu?*
(What are the newspapers?)

BAHRI : *Yang pertama 'Pos Kota' dan yang kedua 'Kompas'.*
(The first is 'Pos Kota' and the second is 'Kompas'.)

ABDULLAH : *Bagaimana isi berita kedua surat kabar ini?*
(How are the news in these two newspapers?)

BAHRI : *'Pos Kota' mempunyai berita setempat yang menarik dan banyak hiburannya. 'Kompas' lebih mementingkan berita yang serius, misalnya berita ekonomi, politik, sosial dan sebagainya.*
('Pos Kota' has much interesting local news and entertainment. 'Kompas' gives more

275

emphasis on serious news such as economics politics, society etc.)

ABDULLAH : *Anda suka membaca surat-surat dari pembaca?*
(Do you like to read letters from the readers?)

BAHRI : *Suka sekali. Dari surat-surat pembaca, saya dapat mengetahui sambutan masyarakat terhadap peristiwa-peristiwa yang sedang berlaku*.*
(Yes, I like that very much. From the readers' letter, I get to know the society's reaction towards events that are taking place.)

Berlaku is here used as a synonym of *terjadi,* 'happen', 'take place'. Besides, it also means (1) 'to have' as in *Dia berlaku kasar terhadap istrinya* (He treats his wife harshly) and (2) 'be valid' as in *Surat keterangan Anda tidak berlaku lagi* (Your document is no more valid.)

Ada Berita Apa Di Koran Pagi Ini?
(Any News In This Morning Paper?)

BAHRI   : *Ada berita apa di koran pagi ini?*
      (Any news in this morning's paper?)

ABDULLAH : *Berita apa yang ingin Anda dengar?*
      (What kind of news you want to here?)

BAHRI   : *Berita lalu-lintas misalnya.*
      (Traffic news for example.)

ABDULLAH : *Ada kecelakaan lalu-lintas.*
      (There was a traffic accident.)

BAHRI   : *Di mana kecelakaan itu terjadi?*
      (Where did the accident take place?)

ABDULLAH : *Di Brastagi, Kabubaten Karo.*
      (In Brastagi, near the regency of Karo [in
      Sumatra].)

BAHRI   : *Kapan kecelakaan itu terjadi?*
      (When did the accident happen?)

ABDULLAH : *Musibah itu terjadi hari Sabtu pagi.*
      (The accident happened on Saturday
      morning)

BAHRI   : *Bagaimana musibah itu terjadi?*
      (How did the accident happen?)

ABDULLAH : *Bis yang membawa para penumpang itu
      'terjun' ke jurang sedalam 150 [seratus lima
      puluh] meter.*
      (The bus which carried passengers dived into
      a canyon 150-metre deep.)

277

BAHRI : *Apa ada korban yang jatuh?*
(Any victims?)

ABDULLAH : *Ada. Dua orang tewas di tempat kejadian,*
enam belas luka berat dan tiga puluh tiga
luka ringan. Korban kini dirawat di RSU
[Rumah Sakit Umum] Brastagi.
(Yes, 2 people died at the site of the
accident, 16 were seriously injured and 33
suffered light injury. The victims are being
nursed in the General Hospital, Brastagi.)

Ada Berapa Musim Di Indonesia?
(How Many Seasons Are There In Indonesia?)

A : *Hari-hari terakhir ini udara terasa panas sekali.*
(For the last few days the weather has been very hot.)

B : *Ya, memang benar. Sekarang kita sudah masuk musim kemarau.*
(Yes, it's true. We are now entering the dry season.)

A : *Ada berapa musim di Indonesia?*
(How many seasons are there in Indonesia?)

B : *Di Indonesia hanya ada dua musim, yaitu musim hujan dan musim kemarau.*
(In Indonesia, there's only two seasons, the rainy season and the dry season.)

A : *Kapan musim kemarau mulai?*
(When does the dry season begin?)

B : *Musim kemarau biasanya mulai bulan April atau Mei.*
(The dry season usually begins in April or May.)

A : *Apakah tidak ada hujan dalam musim kemarau?*
(Isn't there rain in the dry season?)

B : *Ada juga, tetapi sedikit sekali.*
(There is but very little.)

A : *Pantas beberapa hari ini udaranya panas sekali.*
(No wonder the weather has been very hot these few days.)

Hari Ini Panas Sekali
(It is Very Hot Today)

Bu Haryadi : *Selamat pagi, Bu.*
(Mrs. Haryadi)   (Good morning, Mrs. Smith)

Bu Smith : *Selamat pagi.*
(Mrs. Smith)   (Good morning.)

Bu Haryadi : *Hari ini panas sekali.*
(Mrs. Haryadi)   (It is very hot today.)

Bu Smith : *Benar. Hari ini panas sekali. Apakah*
(Mrs. Smith)   *Jakarta selalu panas begini?*
   (Yes. It is very hot today. Is Jakarta
   always hot like this?)

Bu Haryadi : *Benar. Jakarta selalu panas begini.*
(Mrs. Haryadi)   *Apa lagi selama beberapa hari ini*
   tidak hujan.
   (Yes, Jakarta is always hot like this.
   What is more, there has been no rain
   these few days.)

Bu Smith : *Kalau begitu, sekarang musim*
(Mrs. Smith)   *kemarau.*
   (If that is so, it must be the dry season
   now.)

Bu Haryadi : *Benar, Bu. Sekarang sedang musim*
(Mrs. Haryadi)   *kemarau.*
   (Yes, Madam. It is now dry season.)

A GLOSSARY OF JAKARTA DIALECT

ablag	=	open
acak	=	to disturb
acan, tak acan	=	not a bit
adat, ngadat	=	to cry (of a child)
aduk	=	to mix
akur	=	to reconcile, to agree to
alap	=	to pick fruit
alem	=	praise
aleman	=	pampered, spoiled
ambek, ngambek	=	angry
amprok	=	to meet suddenly
ana	=	I (among the Arabs)
anteng	=	calm
ayal	=	slow
ayu	=	pretty
babe	=	father
babu	=	maid servant
bacot	=	mouth; to say
bakal	=	for
bandel	=	naughty
banter,		
paling banter	=	at most, at the worst
banyol	=	to joke
bareng	=	together
bawél	=	fussy, fault finding
becus	=	capable
bééng	=	very
bégo	=	very stupid
belingsat	=	to move about
belo'on	=	silly

benah	=	to tidy up
berabe	=	troublesome
bérak	=	to defecate
berantak	=	messy
betah	=	to like
bokek	=	lacking in money
bontot	=	youngest (child)
boto	=	beautiful
caci	=	insult
cakep	=	beautiful
cekcok	=	to quarrel
celinguk	=	to look about
cemberut	=	sullen
cepo'	=	broke, destitute
cewek	=	girl
cincong	=	fussy
colong	=	to steal
comot	=	to pick
cowok	=	young guy
dedes	=	to interrogate
demen	=	to like
dewek	=	one's own
dumel	=	to grumble, complain
doang	=	only
doyan	=	to like
dusin	=	to wake up at night
elón	=	to defend
empan	=	to feed
empet	=	annoyed
empok	=	elder sister
encing	=	aunt/uncle
endong	=	to stay a while
enek	=	nauseate

engkong	=	grandfather
énté	=	you (among the Arabs)
enténg	=	light
érét	=	to deceive
gadang	=	to stay up all night
gaèt	=	to steal
gara-gara	=	uproar, because
gardu	=	guard
garong	=	to rob
gawé	=	work
gebuk	=	to beat
gedé	=	big
gegares	=	to eat greedily
gelandang	=	vagabond
genit	=	sexy
geregetan	=	angry
gerutu	=	to complain
goblok	=	very stupid
gondok	=	angry
gondrong	=	long hair (of a male)
gua	=	I (Chinese)
gubris	=	to pay attention to
irit	=	thrifty
jail	=	to disturb someone
jeblos	=	to fall into
jelek	=	bad
jitak	=	to hit someone on the head
jubel,		
berjubel	=	to crowd
judes	=	vicious
kabur	=	to run away
kagak	=	no
kaok	=	to scream

kasi	=	to give
kayak	=	like
kemplang	=	to hit with a stick
kenceng	=	fast
keranjingan	=	to be crazy
kewalahan	=	at a loss of what to do
kibul	=	to lie
kongko	=	to chat
kutang	=	brassiere
lantaran	=	because
lu	=	you (Chinese)
manggut	=	to nod
manjur	=	effective
medit	=	stingy
meleng	=	careless
méncéng	=	not straight
mendingan	=	better
mésem	=	to smile
méwék	=	to cry
misan	=	cousin
nyak	=	mother
nyo	=	come here
ogah	=	be averse to
omél	=	angry
omong	=	to talk
orok	=	new born baby
pacar	=	sweetheart
pan	=	isn't it?
pangking	=	room
pélét	=	magic
pelit	=	stingy
pengin	=	to desire
pengkol	=	to turn

perjaka	=	an unmarried young man
perlip	=	to fall in love
plotot	=	to stare
pok, mpok	=	elder sister
pulas	=	to sleep (soundly)
puyeng	=	dizzy
sambit	=	to throw something at someone
samper	=	to meet, to pick someone up
sebat	=	to steal
selampé	=	handkerchief
sembari	=	while
sengguk	=	to sob
sirik	=	maliciously jealous
sok	=	pretending
tabrak	=	to collide
taksir, naksir	=	be attracted to
templok	=	to stick
ténténg	=	to carry in one's hand
timpé	=	to take without permission, to steal
tolol	=	stupid
tubruk	=	to collide
uak	=	uncle, aunt
uring		
uring-uringan	=	angry
wanti,		
wanti-wanti	=	repeatly

Other language titles:

Indonesian-English/English-Indonesian Practical Dictionary
This dictionary contains over 17,000 entries. A thematic listing follows the alphabetical listing in each section.

ISBN 0-87052-810-6 $8.95p

Japanese-English/English-Japanese Concise (Romanized)
Contains over 6,000 Romanized entries.

ISBN 0-7818-0162-1 $9.95p

Malay Made Easy
This handbook, comprised of fifty easy lessons, is for people who wish to speak Malay intelligibly and accurately.

ISBN 0-7818-0092-7 $9.95p

Malay-English/English-Malay Standard Dictionary
Featuring over 21,000 entries, this is the most modern and comprehensive dictionary of its kind.

ISBN 0-7818-0103-6 $16.95p

Nepali-English/English-Nepali Concise Dictionary
Features over 6,000 Romanized entries.

ISBN 0-87052-106-3 $8.95p

HANDY DICTIONARIES
For the traveler of independent spirit and curious mind, this practical series will help you communicate, not just get by. Common phrases are conveniently listed through key words. Includes full pronunciation and detailed grammar section.

Arabic Handy	ISBN 0-87052-960-9	$8.95p
Chinese Handy	ISBN 0-87052-050-4	$6.95p

Japanese Handy	ISBN 0-78052-962-5	$6.95p
Korean Handy	ISBN 0-7818-0082-X	$8.95p
Thai Handy	ISBN 0-87052-982-X	$8.95p

THE LEARNER'S SERIES

These texts are designed to help the learner become proficient in the language in a short period of time.

Learn Assamese	ISBN 0-7818-0223-7	$6.95p
Learn Bengali	ISBN 0-7818-0224-5	$6.95p
Learn Gujarati	ISBN 0-7818-0057-9	$6.95p
Learn Kannada	ISBN 0-7818-0177-X	$6.95p
Learn Punjabi	ISBN 0-7818-0060-9	$6.95p
Learn Oriya	ISBN 0-7818-0182-6	$6.95p
Learn Sanskrit	ISBN 0-7818-0205-9	$6.95p
Learn Sindhi	ISBN 0-7818-0175-3	$6.95p
Learn Tamil	ISBN 0-7818-0062-5	$6.95p
Learn Telugu	ISBN 0-7818-0206-7	$6.95p

TO ORDER please enclose a check or money order for the price of the book, plus $3 UPS shipping for the first book, 50 cents each additional to HIPPOCRENE BOOKS, 171 Madison Avenue, New York, NY 10016. Write also for our free catalog, with dictionaries and language aids in 75 tongues.

THE AUTHORS

Dr. Liaw Yock Fang acquired his B.A. and M.A. in Indonesian Language and Literature from the University of Indonesia in Jakarta. He also holds a Drs. and Dr. of Literature degree in Indonesian Language and Literature from University of Leiden, the Netherlands. He is now an Associate Professor with the Department of Malay Studies, National University of Singapore.

Drs. Munadi Patmadiwiria acquired his B.A. and M.A. degrees from the University of Indonesia in Jakarta. He has had wide experience in teaching Indonesian to foreign students. He is now a staff member of his alma mater, the University of Indonesia in Jakarta.

Abdullah Hassan has an external degree from the Universitas National, Jakarta, Indonesia. He now teaches Indonesian at Sekolah Indonesia Singapura, Singapore.